看得见的成长

——基于核心素养培养的课改之路

郝秀丽　著

天津出版传媒集团

天津人民出版社

图书在版编目（CIP）数据

看得见的成长：基于核心素养培养的课改之路 / 郝
秀丽著 . -- 天津：天津人民出版社 , 2024. 9. -- ISBN
978-7-201-20719-3

Ⅰ . G623.202

中国国家版本馆 CIP 数据核字第 2024JK6074 号

看得见的成长
——基于核心素养培养的课改之路

KANDEJIANDECHENGZHANG

——JIYUKEXINSUYANGPEIYANGDEKEGAIZHILU

出　　版	天津人民出版社
出 版 人	刘锦泉
地　　址	天津市和平区西康路 35 号康岳大厦
邮政编码	300051
邮购电话	（022）23332469
电子信箱	reader@tjrmcbs.com

责任编辑	郭晓雪
装帧设计	田　宇

印　　刷	武汉鑫佳捷印务有限公司
经　　销	新华书店
开　　本	710mm×1000mm　1/16
印　　张	17.5
字　　数	276 千字
版次印次	2024 年 9 月第 1 版　2024 年 9 月第 1 次印刷
定　　价	78.00 元

序

陈启德

  2024 年仲春之月，校园里的各种花树次第开放，春光烂漫。在这样一个美好的季节，郝秀丽老师把她的书稿清样《看得见的成长——基于核心素养培养的课改之路》放到了我的办公桌上，我的眼睛一亮，内心的愉悦亦如这春色满园的时节。我知道，一个教师对自己的专业成长之路有了自己更深刻的思考。

  我的思绪随之回到了九年前，我刚到这所学校的时候，是多么希望老师们能够有自己的专业发展成就，让一群专业的教师成就一所办学内涵丰富的学校。其时，郝秀丽作为学校的语文学科主任来向我请示，想在全校召开语文单元整体教学研讨会，我当即表示了支持，并让他们继续准备，让这个研讨会的内容更充实，成效更扎实。后来，研讨会如期举行，我全程参加了这个会议，觉得她率领下的这支学科团队完全有基础、有能力在更深的层次上研究语文教学，并在会上提出"基于课程标准"这一命题。

  当时，"基于课程标准的教学改进行动"在长三角地区的沪、宁、苏、杭已经开展得风生水起，在本省由省教科院的张斌博士推动的该项目也已经在青岛、淄博等地有了相当的影响力。我们请张斌博士到校做了专题报告，并于 2016 年伊始正式开展了课改行动，推动了"基于课程标准的课程与教学一体化改进项目"的实施。郝秀丽带领的语文团队自然是这一行动的主力军。2019 年，潍坊市教科院在全市推行"基于课程标准的教学改进行动"，落实课程教学的"教—学—评"一致性，郝秀丽为代表的各学科骨干迅速行动了起来，我校也成为潍坊市的核心研究学校。郝秀丽从课标研读、课标解析、目标确定、评价设计、教学活动设计等一步步扎实推进。2020年8月，她与语文学科团队5名骨干教师展示了按照我们规划的推进路径做的单元教学的案例设计，得到教育部课程教材研究所副所长莫景祺博士的高度评价："老师们的备课思路发生了根本性转变，站得更高了，看得更远了，把握得更整体了，研究得更精细了，教师们的专业水平很高！"

在上级领导和专家的激励下，郝秀丽及她的团队更是将专业研究推向一个全新境界，特别是郝秀丽被确定为全市小学语文学科领军人才培养人选之后，她有了更多的学习和交流的机会，一时间成为了潍坊小学语文教改领域的"名人"，在县内外小学语文学科教师培训会上，她经常作为领域内"专家"身份登上讲堂。2023年，学校被确定为山东省大单元教学实验学校之后，她更是代表学校在全省的交流会上作了案例交流，受到与会者的高度评价。

她的成长是"看得见的成长"，从她的专业研究、实践反思到理论建设，是看得见的。她的一篇篇专业论文在省内外各类教育报刊上发表，她作为学科领军人才的答辩更是技高一筹，她所任教的班级的学生素养发展和学业成绩更是有非常明显的效果显现。"学而不思则罔，思而不学则殆。"郝秀丽的成长之路，其实就是学与思不断交替、交织进行的过程，理论提升的速度、实践探索的深入程度，更是看得见的。北京师范大学林崇德教授曾说过，一个教师才华的顶点是他的自我调控能力。我认为，郝秀丽老师的专业成长过程，也充分证明了这一点。

勿庸置疑，郝秀丽在其个人专业成长上是成功的，但她的成功不仅仅在于其个人的成功，更代表了一个基层一线教师的专业发展是成功的。在她的身后，是她团队的整体成功。她作为语文名师工作室的主持人，带领了一个团队，她团队的成员也都得到了发展，无论是实践层面还是理论层面，每个人都有了自己的研究专长，取得了丰硕的专业成果。看得见的成长，更是一个团队的成长。

她说："这一段专业研究的历程，是人生不可多得的收获，体会到了一个教育工作者的辛劳与愉悦。"我相信，她的这段话是发自内心的，其所付出的巨大努力是真实的，收获也是实实在在的。

路漫漫而修远。站在她职业生涯的这一历史性时刻，我衷心地祝愿她再次开启更高层次的专业之旅。春华秋实，相信这个伟大的时代一定还会让她更上一层楼，站得更高，看得更远。

2024 年 8 月于宝城昌乐

C O N T 目录 E N T S

上篇 理论建设篇

多年来，老师们只知道按照课本和教学参考书教学，对"考什么""教什么"存在着太多学科的迷惘，没有系统地研究教材，课程标准只是会议时用到的材料，平时很少摆到教师的案头。

2015 年 9 月，笔者所在的昌乐，特殊教育师范学校（以下简称昌乐特师），在陈启德校长的带领下，启动"课程与教学一体化改进"项目，基于课程标准的课程教学精准化研究与实践，全面推进国家课程的校本化实施。

在研究课标的基础上，学校逐步探索出了一条课堂改革的路子——尝试助学课堂，并在课堂改革中落实基于课程标准的"教—学—评"一致的理念，形成"四步"尝试助学生态课堂基本范式。

一、基于课程标准进行教学改进行动

为全面贯彻党的教育方针，深入落实《关于深化教育教学改革全面提高义务教育质量的意见》和《潍坊市教育科学研究院基于课程标准的教学改进行动实施方案》【潍教科院字〔2020〕4号】精神，全面落实国家课程方案和课程标准，深化课程改革，改进课堂教学，提升教育质量，昌乐特师附属小学开展了基于课程标准的教学改进行动项目。

教学改进行动主要从以下几个方面着手：

（一）抓好课标学习与研读，精准确定教学目标

全校教师真正确立基于课程标准教学理念，教学实施关注"为什么教""教什么""怎么教"和"教到什么程度"，形成在课程目标引领下的备、教、学、评一体化的教学格局，实现基于课程标准的教师专业精准发展；课堂教学从课程标准出发，实现学、教、评一致，实现学科育人的全面性和精准化相统一。

学校引领教师进行基于课程标准的教学（学习）目标分解，分以下几个步骤进行：

第一步：确定课程目标。基于课程标准，确定需要分解的课标条目，提取关键词，起小而精的小标题。

第二步：分解教学目标。结合课标要求，进行课标的分解细化，形成分目标。

第三步：叙写教学目标。基于课标、基于教材、基于学情，叙写相关教学目标。需要注意的是，教学目标的叙写要参照布鲁姆识记、理解、应用、分析、综合、评价/创新六个层次目标的理论，知识与技能、过程与方法、情感态度

价值观三个维度兼顾，达到显性目标和隐性目标的同步实现，精准确定教学目标。

（二）抓好"三项设计"，优化教学过程

一是基于课程目标的学习评价设计。评价设计是学生的表现性标准，是学生的具体行动和表现。它是根据分目标进行对应的评价设计，检测学生分目标知识和能力目标的达成度，它是教学目标（学习目标）在课堂教学中具体体现的准绳。

二是单元设计研究。各学科在研学课标的基础上，根据目标分解和评价设计，在基于课标、研究教材、分析学情前提下，对一个单元的教学过程与教学活动进行完成的研究设计，体现从单元到课时、课型的具体化。

三是课时设计研究。在单元设计之后，针对具体课时，根据课标、教材、学情先确定课时教学目标，然后确定评价目标，再根据目标达成设计相应的学习活动，也就是教学目标（学习目标）在课堂教学中的具体体现过程设计，教会学生如何学、怎么学，落实学生学习的过程和方法。

（三）加强自主学习，打造生本高效课堂

基于课标的课程改进项目推动之后，可以探索尝试助学教学模式，本模式是学生在教师课前设计学案，在自主尝试和生助、师助的启发和帮助下，以学生为主体，充分发挥自主学习、小组学习、全班学习的群体作用。在合作中，学生主动探究、团结协作、勇于创新的精神和发现问题、提出问题、分析问题、解决问题的能力。

比如，山东省昌乐特师附属小学成立了语文、数学、英语、道德与法治、科学、音乐、体育和美术 8 个项目组，每个子项目的研究都会在任务探究之前，先在思想和理念上进行统一，光研讨会议大大小小开了 10 场。之后要想项目成果有高质量的呈现，仅仅用在校时间来开展教研是完全行不通的，所以校长带头采用了"PDCA"循环的流程进行教研。

PDCA 循环是将质量管理分为四个阶段，即计划（plan）、执行（do）、检

查（check）、处理（Act）。各个项目组把各项工作均按照做出计划、计划实施、检查实施效果的流程进行，中间遇到问题就停下来召开研讨会，将成功的纳入标准，不成功的修缮以后在下一循环去验证和解决。学科内做的主要工作有以下流程：

1.各学科组织成立教研团队后，校长召开教研团队会议，定目标，出计划；校长带队组织理论学习，参加学习的老师回校再作二次培训。这一阶段历时五个月。

2.各学科教研团队分头行动，研讨、酝酿后，研课、磨课。校长择时集中调研，再出计划、再定目标，进入下一个阶段的循环。这一阶段校长亲自出示示范课，逐步确定课堂模式——尝试助学。

3.各学科撰写教学设计及尝试助学教案和学案，统一模板，组织尝试助学课堂展示和比武活动，全体教师参加，进行本校、本学科内自评和互评，互学共进。到这一阶段时间又过去半年，在之后的时间里，学校规定每周有半天的学科集体教研活动，全体教师参加，共同讨论尝试助学如何开展才能调动学生思维，实现大学小教，从而提高解决和分析问题的能力，提高学科素养。

4.邀请县教研室和市教科院领导指导和策划此项目的研究，学科教师在接受指导后再次修整、完善、提炼，拓宽研究领域，使该项目纵深探究，向大单元、大概念扩展，使之至臻完善、更接地气。

就这样，以点带面，学科教师不断学习和实践，不断"学以致用"，互通有无，本着提高教育教学质量的目的推广到了校内全体教师用这种模式进行教学，尝试助学教学模式也逐渐成了学生学习和活动的一个流程向导，在老师的引导下，学生的学习同样经历"PDCA"循环，在尝试和互助中高质量完成学习任务，课堂授课分为以下几个部分。

1.明确目标，自主尝试。自主尝试是合作、探究的基础和前提，也是激发学生探究兴趣、积极思考、迁移知识经验的第一步。

2.继续尝试，合作探究。实现生助、生评和自评，实现活动引导下的学习活动和自我成长。

3. 汇报交流，质疑问难。实现师助和互评，养成乐于分享、大胆质疑的科学态度和追求严谨的思考习惯。

4. 继续挑战，课堂监测。关注学生个体差异，使课堂学习既能实现基础的巩固，又能达到延伸和提升，为后续的学习埋下伏笔。

合作是促进自主、探究的形式和途径；助学是自主尝试、合作学习过程中融合生助、师助，学生的学习在及时的反馈评价中渐次达到课堂目标，实现互相促进的高效的学习效果。

本项目从探究性教研至今，我们不断学习和实践，也不断完善，教师作为尝试助学的引导者，要不断学习，只有这样，教学案的编制和课堂实施当中教师的才能彰显关键能力，"引"有法、"引"得法，才能促使"PDCA"循环螺旋上升。

（四）抓好尝试助学课堂建设，提高教学质量

1. 继续学案编制

如何引领学生进行学习，解决怎样带学生去的问题，也就是指向学科素养的，与课程能力目标、情感目标相匹配的教与学的活动设计。我们在专家引领、团队研究的基础上，设计了对应的助学单。助学单重点呈现学习目标和学习内容：其中助学单一是学生预习成果的展示和交流，在初步尝试环节完成；助学单二是课堂学习的重点和难点突破，在继续尝试和深度尝试环节完成。

2. 尝试助学课堂

尝试助学课堂就是教师帮助学生学会学习、促进学生主动发展的课堂，即始终体现生本思想，放手让学生亲历获取知识的过程。经过不断地研究与实践，我们形成了"初步尝试、继续尝试、深度尝试、总结提升"的"四步"课堂，教学过程大致分为以下几个环节：

（1）初步尝试。倡导"以学为主"，根据目标可设计若干个学生自主的尝试活动，此环节以学生自学为主。

（2）继续尝试。倡导"以学定教"，引领学生去解决尝试中发现的问题，

是课堂重点、难点问题的尝试解决。此环节通过教师、小组和同伴助学，在总结中获得发展。

（3）深度尝试。倡导"任务驱动"，是学生对重难点问题的综合性、延伸性巩固及问题的综合解决尝试。此环节以小组助学和教师助学为主。

（4）总结反思。是学生对自主或者合作学习时的体验和收获进行梳理总结，便于自我发现及发展。同时，教师对学生的总结进行线性串联，体现学习的有序和完整性。

尝试助学课堂中，教师要特别注意评价任务的设计与实施，具体流程如下：

A. 在教学设计中深化理解评价任务。"教、学、评一致性"的关键是评价，有了评价任务，教与学才会相互依存，学习目标才会证明是否达成。为准备今后开展读书交流、专题培训、区域教研、项目学习等活动，深入理解促进学习的评价，充分认识评价任务的内涵与价值，每位教师提前撰写学习研究论文及交流研讨发言稿。

B. 在研讨磨课中合理设计评价任务。为今后开展说学习目标、说评价设计、说教学活动等系列说课活动，规范叙写学习目标，把握评价任务与学习目标的对应关系，合理设计评价任务；通过线上线下方式开展评价任务设计竞赛、交流研讨、作品展示等活动，整体提升教师评价任务设计水平；组织参与式教研、反思式研究活动，发现、破解评价任务设计中的障碍，提高评价任务设计质量。每位教师自今日起思考和设计某一节课的评价任务，并且积累设计策略和可操作性的评价任务设计方案。

C. 在课堂教学中熟练实施评价任务。为今后开展共备一节课、同上一堂课、晒晒我的课等系列活动，认真研究评价任务的实施，做到在课堂教学中合理呈现评价任务、准确收集评价信息、有效处理评价信息，高效发挥评价任务的最大价值，真正实现"教、学、评一致性"，提高课堂实操能力，每位教师提前研究积累素材。

（五）抓好半日教研，提升团队作战能力

在学科教研室的引领下，各学科组成基于课程标准教学改进行动"核心

研究共同体"，作为本学科研究工作的核心团队，重点研究，核心引领，以点带面。利用半日教研时间，各学科开展基于同伴互助的研讨活动，开展以老带新、结对互助、案例分析、专题沙龙、兴趣小组等形式的研讨，促进教师共同发展。

比如，山东省昌乐特师附属小学通过"团队引领、交流推进、整体提升"的工作机制，分层次全面推进基于课程标准的教学改进行动。至 2020 年秋季新学期始，基于课程标准的教学成为全校学校教师必备的基本理念，实施基于课程标准的教学成为教学常态。同时关注核心研究团队，培养骨干教师，打造典型团队，提升团队合作能力。自项目开展以来，项目取得了显著的成效，主要呈现在以下两个方面：

一是助推教师专业发展。各团队发挥学科优势，在各学科研究齐头并进的前提下，挖掘部分学科优势研究力量，在推进基于课程标准教学过程中，抓住机会提升自己，促进自身专业水平持续提升。

二是助力学生快乐学习。尝试，让学生产生对知识奥秘的探索兴趣，明白了自己要完成的学习任务和达成度；助学，让学生的学习从成功不断走向成功。

二、基于课程标准的课程教学精准化研究与实践

随着基于课程标准的教学评一致性教学改进行动如火如荼地开展，我们愈加清醒地认识到，课程标准是确定课堂教学目标的依据，是教师教学行为的重要准绳。经过对国内外关于课程标准研究现状的比较发现，各个学校对课程标准的内涵理解、研究方式及研究方法不尽相同。

山东省昌乐特师附属小学在对教师教学现状和学生学习现状的调查与分析后，确定了基于课程标准的专业化成长精准化研究的思路，第一，通过"逐句解读课程标准，提炼关键内容""分解关键内容，逐级叙写目标"的方式，明确教学目标，并以目标为导向，落实课标的基本要求；第二，依课程标准中提炼的教学目标为依据，设计评价目标和教学落实措施，引导教师整体思考每一教学板块如何保持教学目标、评价任务、活动设计的一致性，树立目标导向的意识，规范教学过程；第三，确定教师专业素养的缺失点和提升的目标及方向，有针对性地提升教师的专业素养。

通过本项目的实践和研究，使教师能比较正确地理解各学科《课程标准》的内涵，初步确立开放性教学意识，形成基于课程标准的教学评一致性的教学新体系，提出特色鲜明、操作性较强的基于课程标准的开放性教学的基本策略。有助于教师科学的分析自己的教学与国家课程标准之间的差距，促进教师改善自身教学，提高教学质量，推进教学的改革和发展。坚持把立德树人贯彻到各科教学，树立科学的质量观，遵循教育规律，深化课程改革，改进课堂教学，转变教学方式和学习方式，努力促进学生德智体美劳全面发展，努力做到教师教学有方向，学生学习有方法、能会学、学深透，真正贯彻落实教学评的一致性。

研究意义有两方面：

1. 学术价值

项目组成员在《课程标准》和学校指导思想的引领下进行课程标准的校本化研究，教学实施关注"为什么教""教什么""怎么教"和"教到什么程度"，形成在课程目标引领下的备、教、学、评一体化的教学格局，全面落实国家课程方案和课程标准，实现基于课程标准的教师专业精准发展。课堂教学从课标出发，实现教学评一致性，实现学科育人的全面性和精准化相统一，确保学生达到国家规定的学业质量标准，学科素养全面发展。

2. 应用价值

本项目的研究，特别有助于构建"学为主体"的"生本"课堂，有助于培养学生自主学习的责任感，有助于学生在学习过程中获得学习的有效方法。基于课程标准的研究推进教、学、评一致性，本质上在于对人的尊重、关怀与接纳，突出学生主体地位，使教育教学成为发展学生、成就学生的学科道。通过教、学、评各环节的有机统一，引导学生在感知、分析、理解、思辨、践行的过程中，深化对于知识的习得，促进良好语言能力的培养，帮助学生以更为积极主动的状态投入到学习中，推动综合素质提升。

基于对"教学评一致性"的研究引领，我们提出如下假设：如何研究课程标准？如何让课程标准更好地服务于教师的课堂教学？如何做到教师专业能力的精准发展？

我们充分发挥学科核心团队的作用，加强对课程标准的系列学习、解读，提高基于课标的课标解读、目标叙写、教学设计、教学实践、课堂评价水平，定期组织研读课标交流活动。

学校从研究《课程标准》入手，真正确立基于课程标准教学的理念，对课程标准进行分解，形成与课程标准一致的学年课程目标、学期课程目标、单元目标体系。在课标梳理、目标研制、设计教学活动的基础上，从"目标分解""评价设计""教学落实措施""教师专业能力发展""我的不足""改进措施"六个方面准确定位自己的专业要求，发现问题，确定专业发展方向，进行扎实的研究、思考、规划、对照、改进。

（一）研究背景和文献综述

1. 理论基础

各学科教育教学规律、教育教学方法的研究以及《关于深化教育教学改革全面提高义务教育质量的意见》和《潍坊市教育科学研究院基于课程标准的教学改进行动实施方案》【潍教科院字〔2020〕4号】的文件精神和各科课程标准，是本项目研究的理论基础。其中，各科课程标准是确定课堂教学目标的依据，是教师教学行为的重要准绳。

2. 相关研究成果

美国基于标准的改革运动先驱者本杰明·布鲁姆，他在1956年出版的《教育目标分类学》中提出的教育理念成为这次改革的驱动力。布鲁姆强调开发学生高级思维技能的重要性，这一教育理念是基于标准的改革运动的最初驱动力，那时候叫"基于结果的改革"。从20世纪80年代起，英美等国家便开始制定专业性课堂教学有效性标准。现代教育评价诞生于20世纪40年代的"史密斯—泰勒报告"。该报告认为，评价必须建立在清晰地陈述目标的基础上，根据目标来评价教育效果，促进目标的实现。美国教育心理学家布鲁姆等人创建的教育目标分类学，为"清晰地陈述目标""测验如何与目标相匹配致"做出了杰出的贡献。但是直接推动课程和教学一致性运动的是近30年来评价领域特别是形成性评价的蓬勃发展。

我校项目组成员在研究各学科《课程标准》的内涵，形成基于课程标准的教学评一致性以及尝试助学教学新体系后，提出特色鲜明、操作性较强的基于课程标准的开放性教学的基本策略，遵循教育规律，深化课程改革，改进课堂教学，转变教学方式和学习方式，努力促进学生德智体美劳全面发展，努力做到教师教学有方向，学生学习有方法、会学、学深透，真正贯彻落实教学评的一致性以及尝试助学课堂。在这期间，我们开发一系列校本教材：《各学科课程标准目标解析》《学科课程校本规划》《基于课程标准的教学改进行动学科研究与实施案例》等。

3. 研究内容结构图

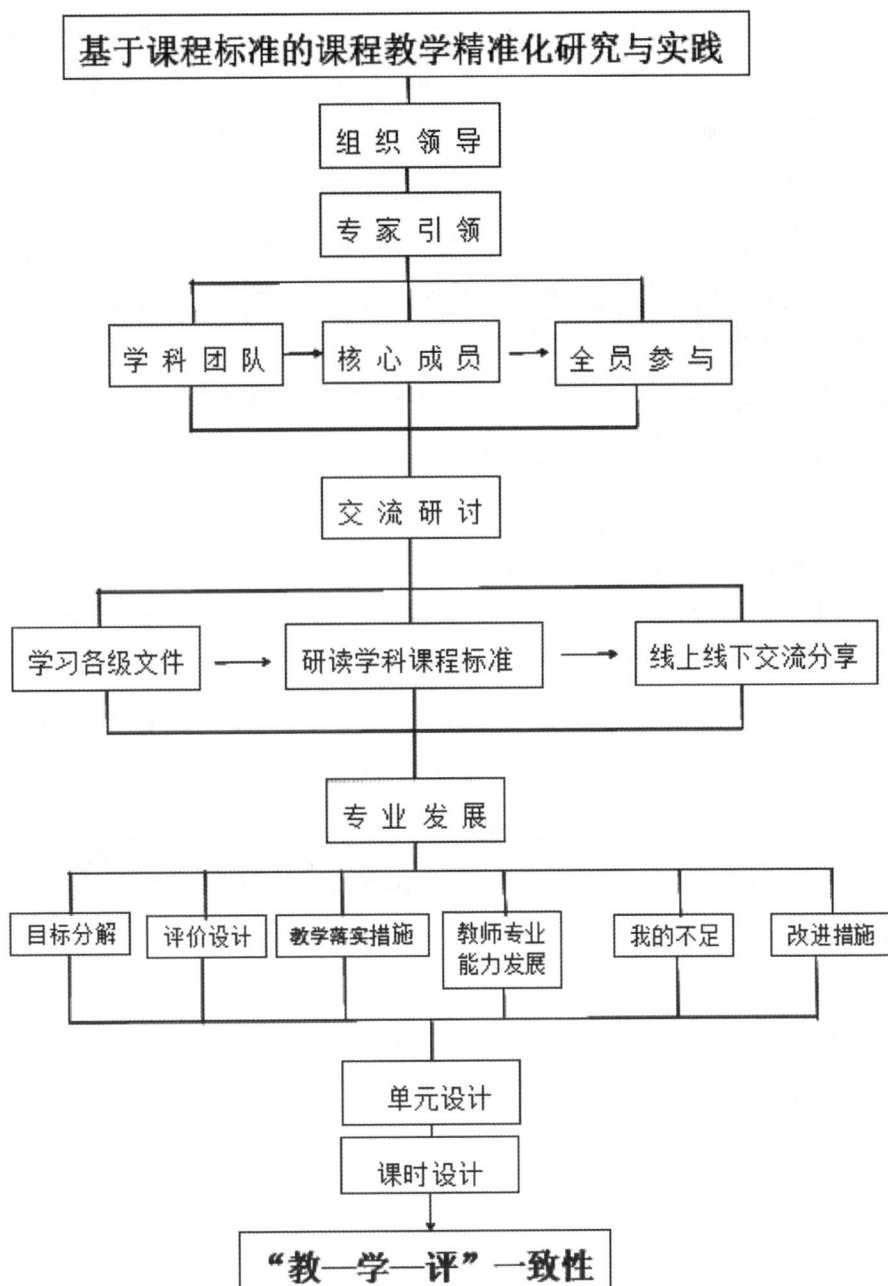

```
┌─────────────────────────────────────────────┐
│  基于课程标准的课程教学精准化研究与实践          │
└─────────────────────────────────────────────┘
                      │
            ┌──────────────────┐
            │   组 织 领 导      │
            └──────────────────┘
                      │
            ┌──────────────────┐
            │   专 家 引 领      │
            └──────────────────┘
                      │
   ┌───────────┐  ┌───────────┐  ┌───────────┐
   │ 学 科 团 队 │→│ 核 心 成 员 │→│ 全 员 参 与 │
   └───────────┘  └───────────┘  └───────────┘
                      │
            ┌──────────────────┐
            │   交 流 研 讨      │
            └──────────────────┘
                      │
  ┌───────────┐  ┌────────────────┐  ┌──────────────┐
  │ 学习各级文件 │→│ 研读学科课程标准 │→│ 线上线下交流分享 │
  └───────────┘  └────────────────┘  └──────────────┘
                      │
            ┌──────────────────┐
            │   专 业 发 展      │
            └──────────────────┘
                      │
┌──────┐┌──────┐┌──────────┐┌──────────┐┌────────┐┌────────┐
│目标分解││评价设计││教学落实措施││教师专业能力发展││我的不足││改进措施│
└──────┘└──────┘└──────────┘└──────────┘└────────┘└────────┘
                      │
            ┌──────────────────┐
            │   单 元 设 计      │
            └──────────────────┘
            ┌──────────────────┐
            │   课 时 设 计      │
            └──────────────────┘
                      │
        ┌──────────────────────┐
        │  "教—学—评" 一致性     │
        └──────────────────────┘
```

（二）研究程序

我校在对教师教学现状和学生学习现状的调查与分析后，确定了基于课程标准的专业化成长精准化研究的思路。我们进行了以下几方面的工作：

1. 加强组织领导

学校成立"基于课程标准的教学改进行动"领导小组，校长陈启德任组长，分管教学副校长徐友森任副组长，学科教研室主任及部分学科骨干教师担任小组成员，全面推进基于标准的教学改进行动安排部署、协调组织、调研指导等工作。

2. 专家引领

学校建立与省市教科院、教育部课程中心、高等师范院校专家学者的密切联系，及时邀请专家指导，积极参与高端教育教学研讨活动，为学校推进基于课程标准的教学改进行动提供方向指引山东省教科院课程研究所张斌博士来校做《课程标准下的教师备课工作研究》的报告，对校课程改进项目进行专项指导。

（1）山东省教科院课程研究所张斌博士来我校做《课程标准下的教师备课工作研究》的报告，对校课程改进项目进行专项指导。

（2）曲阜师范大学教授、博士生导师张雨强做了《基于课程标准的教学与评价：理念、技术和实践》的报告，从理论层面和实践层面对教学和评价进行了精准的分析和探讨。

（3）首届市小学基于课程标准的教学改进行动联盟校论坛活动前，市教科院的孙俊勇科长来校进行课堂教学观摩与指导。

（4）潍坊市教科院教研员来校指导道德与法治教学工作。

（5）附小半日教研，邀请教研室语文教研员韩传工科长来校指导工作。

（6）市美术教研员陈丽辉来校指导课堂教学

3. 组建核心研究团队

由市教科院学科教研员统领，各学科组织教师自愿报名，组织校内骨干教师成立"课程标准的校本化研究"项目研究核心团队，由学科教研室统领，根据学科特点，借助团队力量，确立研究课程标准的校本化研究为主题，实现重点突破。项目组先后成立了语文、数学、英语、道德与法治、科学、音乐、体育、美术等多个研究团队。团队定期组织教研活动，方式灵活，随时研究，及时沟通，对研究重点问题梯级推进，争取在每一阶段都有显著的研究成果。在核心引领的基础之上，以点带面，带动未参与的人员，实现教师全员参与。

4. 交流研讨

进行教学改革，研究课标就是抓住了项目研究的"牛鼻子"，因为课标是一切权威的起点，是一切课改的根源，是一切课堂改革的目标。校长陈启德全程参与并亲自指导，其他领导成员之间有序分工，团队成员在学校领导的带动下，有条不紊地开展各项工作。期间，我们邀请到了山东省教育科学研究所研究员张斌博士来我校给全体教师做了《课程标准下的教师备课工作研究》专题报告。张斌博士从课程标准下的教学意蕴、如何叙学教学目标、如何编制课时教案等多个方面进行详细讲解，并配合现实实例进行说明，给广大教师上了生动的一课。

5. 学科课程规划的修订

基于研究的基础上对前期的学科课程规划进一步修订，完成前期编制的纲目及修改，使基于课程标准教学成为每一位教师的基本教学理念和教学规范，学生的课堂学习状态明显改善，教师教学能力全面提升，学生核心素养显著提高。

6. 全面推进实施

通过"核心引领、联盟推进、整体提升"的工作机制，分层次全面推进基于课程标准的教学改进行动。关注核心团队，打造典型团队，培养骨干教师，实现学校改进行动重点突破；根据前期研究进度，按计划有序推进，扩大联盟校际间交流合作，推动联盟校同步推进，实现联盟校教师大面积真正实施基于课程标准教学；鼓励引领其他学校深入加强研究，推动更多的学校实现教师基于课程标准的教学。至2021年秋季新学期始，基于课程标准的教学成为全校义务教育学校教师具备的基本理念，实施基于课程标准的教学成为教学常态。

（三）研究方法

1. 调查分析法

本项目实施伊始，项目组成员通过访谈、问卷等方式调查师生在课堂学习中的实际问题及学生学习现状，充分把握在课堂教学中，老师对课程标准的理解、教学目标的制定、教学设计的实施情况，学生对知识的学习与应用情况存在的问题等做全面摸底了解和分析，以便于在后期的项目研究。

2. 文献资料法

项目组成员通过上网查阅、微信沟通等各种方式广泛搜集和查阅文献资料，参考有关理论或直接应用相关成果，进行综合分析，学习并吸收全国其他学校和教师在相关方面的宝贵经验和研究成果，通过整理、筛选为项目研究提供科学的论证资料，寻求新的突破。

3. 行动研究法

项目组成员在针对实际问题提出改进计划时，通过在实践中实施、验证、修正，达成共识；案例设计时，在课堂教学实际中，通过对小学生当前和后续学习中存在的问题进行分析研究，整理出课堂资源和实施措施，修改案例中的教学评价设计，让课堂更有实效。

4. 案例分析法

项目组研究成员收集基于课程目标设计的典型案例实录，进行研究分析并对案例进行反思，对尝试助学课堂进行实践探索与研究，实施因材施教。

5. 经验总结法

在研究过程中，项目组成员对研究中获得的有关知识、技能以及情感和情绪体验，对发现的问题进行分析、比较、归类、综合、概括、推理、判断等思维加工，对自己以及他人的成功与失败的经验进行研究和归纳，从中找出普遍的特点和规律，对成功经验和做法全面完整地进行归纳、提炼、分析、总结，为后期教学打下良好的基础。

（四）技术路线

1. 各学科的课程标准目标分解

项目组成员根据自己任教年级，从课程标准入手，根据需要分解的课标条目，形成分目标。严格按照研读课程标准、选择课标条目、提取关键词语、分解细化课标的分解流程进行操作和研究。研究小组一致认为，教学目标的叙写要参照布鲁姆识记、理解、应用、分析、综合、评价、创新六个层次目标的理论，知识与技能、过程与方法、情感态度价值观三个维度兼顾，达到显性目标和隐性目标的同步实现。

2. 基于课程目标的学习评价设计

评价设计是学生的表现性标准，是学生的具体行动和表现。它是根据分目标进行对应的评价设计，检测学生分目标暨（相应的）知识和能力目标的达成度。基于评价设计的教学过程设计是根据分目标和对应的评价设计，去设计对应的教学活动。教学活动的语言可以根据不同的课堂设计，但都是教会学生如何学、怎么学，最终都是对学生学习的过程和方法这一目标的落实。

团队成员先是分散学习各科课程标准，圈点勾画。然后各学科召开集体学习课标研讨会，由各学科负责人领学，从前言、课程目标、内容标准、实施建议等方面，逐条认真学习，并结合日常教学中存在的问题或者不足，以及我校教学的现状，进行阐述，团队成员认真做了记录，团队成员再次把课标内容进行梳理，制成课件，把学习收获及体会向陈校长及分管领导汇报，团队成员也借机互相学习、取长补短、共同提高，并针对学科领导提出的意见再次学习、梳理。

在县教研室组织的送课下乡活动中，我校做了题为《义务教育数学课程标准（2011 年版）学习体会》的报告，在全县引起极大反响。接着，县教研室组织了全县小学学科课程标准研讨活动在我校召开，会议上我校三位不同学科的老师从不同角度阐述了对于课标的理解，陈启德校长做了题为《课标：一切教育教学改革的原点》的报告，向全县教育同仁汇报我们的一点基于原点的做法，得到了教育同仁的一致认可。

3. "教学评"一致的课例研讨与改进

首先是单元设计研究。成员们在研究课标的基础上，根据分解的目标、评价设计和案例设计，在基于课标、基于教材、基于学情前提下，对单元的学习过程进行研究，完成从单元到课时、课型的具体化。其次是课时设计研究。在单元设计之后，针对具体课时，根据课标、教材、学情先确定课时教学目标，然后确定评价目标，再根据目标达成设计相应的学习活动。

通过半日集中教研，我们在团队引领、同伴互助、以老带新的过程中，从课标解析和课例研究中，力求达到教学评的一致性。各团队发挥学科优势，齐头并进，在推进基于课程标准的教学过程中，抓住机会提升自己，促进自身专业水平的持续提升。从核心引领，到交流推进、最后达到整体提升。

如："默读有一定速度，默读一般读物每分钟不少于300字。学习浏览，扩大知识面，根据需要搜集信息"这一策略性语文要素落实一直是教学的重难点，通过集体教研，大家梳理了中高年级段的梯度训练点，从而找准教学评依据。

4. 基于课程标准的研究与思考的教师专业化精准发展

项目组成员要在课标梳理、目标研制、设计教学活动的基础上，从"目标分解""评价设计""教学落实措施""教师专业能力发展""我的不足""改进措施"六个方面准确定位自己的专业要求，发现问题，确定专业发展方向，进行扎实的研究、思考、规划、对照、改进。科学分解内容标准是开展基于课程标准的教学的基石。因此，对教材和课标要求要精准把握，能创造性地使用教材。实施基于课程标准的教学设计，旨在关注学习结果的质量，确立教与学的方向，提高课堂教学的有效性，让教师在专业的规范与自由中实现专业发展。就是基于课程标准的教学与评价。

2020年8月9日，我校举办了"基于课程标准的课程教学精细化研究"交流会，并面向全市线上直播。潍坊市教科院、昌乐县教研室专家及所有参与项目研究的各学科教师到会指导，全市1000余名教师线上参与。会上，我校语文教研团队展示了对小学阅读教学课标解读、五年级上册第一单整体设计、《落花生》课时设计；数学教研团队解读了关于"四则运算"的课标，解说了"有余数的除法"单元设计案例和课时设计案例。两个教研团队均按照"课标解读、目标制订、学段规划、单元教学设计、课时设计"的研究思路，清晰地向大家展示了项目组的课标校本化解读、制定评价设计、选择教学措施的研究轨迹，充分体现了"教学评一致性"这一教学理念。参与项目研究的其他教师也根据自己任教学科和年级，从相关学科的课程标准入手，重新读课标、通教材，进行了基于课标的课程教学精准化研究。一系列活动的开展，为教师搭建了一个相互交流、相互学习、共同探讨、共同成长的平台，更是教师自我提升的过程。

（五）研究发现或结论

1. 教师对课程教学精准化研究有了更多更深入的理解和体验

学校对基于课程标准的专业化成长精准化研究，使教师能较正确地理解各学科《课程标准》的内涵，确立开放性教学意识，形成基于课程标准的教学评一致性的教学新体系。基于课程标准的课程教学精准化研究始终把立德树人贯彻到各科教学，树立科学的质量观，遵循教育规律，深化课程改革，改进课堂教学，转变教学方式和学习方式，真正贯彻落实教学评的一致性。研究过程中，各团队发挥学科优势，齐头并进，抓住机会提升自己，教师对于课程标准的把握有了进一步提高，在课堂教学中围绕课标用好教材的能力也有了加强。基于课程标准的教学成为全校义务教育学校教师具备的基本理念，实施基于课程标准的教学成为教学常态。

2. 基于课程标准的课程教学精准化研究助推教师专业发展

在基于课程标准的课程教学精准化研究过程中，教师从研究《课程标准》入手真正确立基于课程标准教学的理念，教学实施关注"为什么教""教什么""怎么教"和"教到什么程度"，形成在课程目标引领下的备、教、学、评一体化的教学格局，全面落实国家课程方案和课程标准，实现了基于课程标准的教师专业精准发展。

在分层次全面推进基于课程标准的教学改进行动中，教师的个人专业发展也得到了提升的机会，在研究过程中教师们积极进行实践反思、教学竞赛、项目研究、论文撰写等，让自身专业水平持续提升，抓住一切校本教研的机会努力提升自己。

3. 基于课程标准的课程教学精准化研究助力学生快乐自主学习

按照尝试助学课堂教学模式，细化案例设计中的教学目标、教学评价、教学过程，促进教学走向合理化、智慧化、精细化，实现学科育人的全面性和精准化相统一，培养了学生自主学习的能力，充分创设快乐学习的氛围。基于课程标准的研究推进教学评一致性，更突出了学生主体地位，引导学生在感知、分析、理解、思辨、践行的过程中，尝试，让学生产生对知识奥秘的探索兴趣，明白了自己要完成的学习任务和达成度；助学，让学生的学习从成功不断走向成功，在成功中感受到学习的快乐。

4. 基于课程标准的课程教学精准化研究成果和实践经验得到了广泛推介和认可

通过"核心引领、联盟推进、整体提升"的工作机制，扩大了联盟校际交流合作，推动联盟校同步推进。潍坊市小学基于课程标准的教学改进行动联盟校论坛在我校举行，市教科院小学科科长孙俊勇主持会议，会议邀请到了曲阜师范大学教授张雨强做学术报告。同时各县市区教研室分管小学副主任、教研员及基于课程标准的教学改进行动联盟学校的校长、骨干教师等共计 260 余人参加了本次论坛活动。活动主要分为专家报告、分组论坛、课堂教学展示、说课评课四部分进行。会议为认清方向，鼓舞干劲，促进教师的教学，提高教学质量，主动积极开展基于课程标准的教学奠定基础，推进了教学的改革和发展。

本项目定期对项目成果进行梳理，及时总结研究过程中的得与失，调整研究计划，注重过程性材料的收集、整理、分析、总结。编纂出《小学语文课程标准校本化解析》《小学数学课程标准校本化解析》《小学英语课程标准校本化解析》《小学科学课程标准校本化解析》《小学道德与法治课程标准校本化解析》《小学美术课程标准校本化解析》《小学音乐课程标准校本化解析》《小学体育课程标准校本化解析》《学科课程校本规划》（小学段）《基于课程标准的教学改进行动学科研究与实施案例》等书籍。

（六）分析、讨论和建议

通过基于课程标准的研究实施，进一步明确了继续推进"基于课程标准的教学改进行动"的目标和努力方向。对"教学评一致性"又有了新的认识。在今后的教学工作中真正践行好"教学评一致"，可从以下四个方面入手。

1. 确立清晰的学科目标体系

学习目标规定了我们在课堂上教什么、教到什么程度，也规定了学生学什么，学到什么程度，直接决定着教学的方向，是教学设计的灵魂。因而，设计科学、具体、可操作的学习目标是有效"教学设计"的应有之意。

第一，要依据学科"课程标准。"学科"课程标准"在宏观层面上规定了国家对该学科质量标准的要求，是我们基于标准教学之本，是设计学习目标的重要依据，它是学习目标制定的大方向。在教学设计中，如果没有学科"课程标准"意识，学习目标的设计往往会迷失方向。将课程标准中的内容或水平标准，通过一系列的目标具体化，确定学期或模块的目标，再具体化为单元或课时目标，此路径可以表述为：内容或水平标准—学期或模块目标—单元或课时目标。

第二，要正确看待、使用教材。在进行学习目标的设计时，要正确把握教材，吃透教材，并充分利用教材，树立正确的教材意识。教材中有着丰富的教学素材，是设计学习目标的参考，也是达成目标的重要支撑点，但教材中的内容绝非教学任务，也绝非教学过程应该达成的目标，而只是为了实现目标的载体。这就是我们在平时教学中一直强调的不能"教教材"而要"用教材"的教育思想。忽略了这一点，学习目标的设计会偏离主题。

第三，把握好学情，研究学生的认知原点。学习目标的设计要依据学情设定，了解学生一开始的认知起点、认知原点，知道学生"在哪儿"，这是其一。其二，还要注意搜集不同学生经过自主学习、预习所达到的"新原点"证据，把握学生"到哪儿"了。如果不弄清这些情况，学习目标的设计也会偏离方向，讲课时就会多讲或漏讲，可能讲了一些没有必要的知识，也可能有些该讲的知识却没有讲到，降低了课堂效率。

2. 设计基于目标的评价任务

明确了学习目标之后，学生是否能够达到，达到的程度如何，是我们始终应该关注的，这就需要对教学评价进行设计。设计教学评价，通常有以下几个方面的考虑。

第一，学习目标的制定进行重新审视。设计教学评价其实也是对学习目标进行重新审视的过程，审视所设计的学习目标是否可测、可评，是否存在"假目标"，是否指向学科"课程标准"对该项知识能力的要求，并对目标设定中存在的问题进行及时重构，以确保学习目标的精准性。

第二，评价任务的设计要指向学习目标。"有效教学不是理性的思辨，而是基于证据的推论。"教学设计是否有效，就要看指向学习目标的评价任务是否能够达成，因此，只有评价任务的设计指向学习目标，我们才能检测出学生的达成情况，才能在基于证据的基础上，分析学生经过学习是否发生了所期待的变化，这是教师教学是否有效以及下一步教学策略如何开展的重要参照。

第三，评价设计要在循序渐进中不断考量学习目标。首先，教学评价不是在课堂结束后才发生的，而应该"嵌"在课堂教学之中，是嵌入式的，教学的过程同时也应该是一个循序渐进的评价过程；其次，评价问题的设计也应该梯次有度，疑点难点要给学生搭支架、架梯子，关键处应注明方法、步骤，而非一蹴而就。

3. 规划基于目标的教学过程

组织实施教学活动的过程也是对学习目标落实的过程，在课堂实施中，要有意识地运用有效途径向学习目标靠拢。这一环节，最关键的问题有三个：一是自始之终把目标当作一节课的灵魂，教学的关键行为都应指向目标的达成。二是把教的过程当作评的过程，不断了解学生学到了什么，不断做出后续基于目标的教学决策，三是处理好预设与生成的问题，预设是前提，是底线；生成是必然，是机智。

此外，一要继续进行业务理论培训和相关的专门培训，以提高教师的科研意识和能力。基于课程标准的精准化研究是学校发展的核心项目，是教师发展的核心问题。教师成就学校，力争涌现一批专家型的教师。二要将教师对课标的学习体会再次运用到自己的课堂教学中去，实践验证真理，教学相长，鼓励教师找到专业成长的方向，激发教师深入解读课程标准的主动性。三要进一步给教师集中教研创造条件，通过集体备课研讨等活动真正实现高质量备课，以保证课堂效率。

三、小学生语文阅读能力十二阶梯课外阅读课程化的研究

    2020年2月，山东省昌乐特师附属小学抽取部分学生对课外阅读进行了调查，统计显示小学生课外阅读兴趣缺失，部分小学生及家长面对图书无从选择，不能及时进行有效的阅读评价。鉴于此，研究小组一致认为要及时指导阅读教学，培养学生的阅读兴趣和能力，提升核心素养。本项目旨在引领教师对课外阅读进行精细化研究，构建课外阅读评价体系，将阅读教学及评价延伸至课外，诊断出阅读障碍，找到改进方向，培养阅读能力。研究成员及时学习上级文件，充分研读文件精神，定期开展研讨活动，深化课标研究，及时交流经验、更新思想，理论联系实践，将课题研究细致化、系统化、有序化。课题组充分利用多种有效方式与家长、学生保持畅通联系，建立学校、家庭、社会三位一体，定期举行家校阅读交流会，扩展阅读宽度和深度。从试点到推广到普及，循序渐进，推进过程中，既有共性要求，又兼顾个性要求，让不同层次的学生得到最优发展和提升。

（一）研究问题

1. 研究发现

    经调查研究，各国一定程度上都存在着阅读危机。我国面临的阅读问题更为迫切和严重，主要表现在以下几个方面：

    第一，随着年龄的增长，阅读内容的多样化，一方面家长们迫切地想给孩子选择更多地阅读书目；另一方面面对琳琅满目的书籍，家长们有"乱花渐欲迷人眼"的迷茫，不同年龄阶段的孩子该如何挑选书籍，这让家长很是烦恼。

    第二，小学生课外阅读兴趣缺失，缺乏阅读意识，"不喜欢读书""走马

观花式读书""完任务式读书"成为常态，学生们难以养成自觉的阅读意识和持久的阅读习惯。

第三，课外阅读具有开放性和广泛性，评价时要考虑到学生个体差异、年龄差异等多种因素，评价标准不能一刀切，更不能盲目拔高，一个良好的、行之有效的课外阅读评价与反馈体系是所有教师、学生以及家长都需要的。

第四，课外阅读不仅是语文活动中最重要、最普遍、最经常的形式，也是课内阅读的继续与扩展，那么在大量阅读的基础上，如何将课内有效的评价方式运用到课外阅读上呢，在之前的实践中发现一直以来课内阅读与课外阅读评价很难做到有机的统一。综上，现在的课程教材体系已不能满足学生的阅读需求，制约了学生的阅读兴趣和能力的培养，学生核心素养的提升受到限制，急需建立小学生课外阅读的目标、内容、实施与评价体系。

2.研究意义

（1）实践意义

在实践中，我们依据《课程标准》和统编本教材中的语文要素，确定了课外阅读与课内阅读有机统一的训练目标。开展海量阅读，开阔眼界，培养思维，激发学生学习积累语言的兴趣，提升语文学习能力。按照必读、选读、听读、诵读四位一体对所读内容进行规划。

①针对小学生及家长面对琳琅满目的图书不知如何选择问题，整理书目

依据各年级学生特点，借助中华优秀传统文化和现当代优秀诗歌，整理出适合小学生课外阅读的文言经典、传统经典、现代诗篇目，使人人有诵读篇目。

借助现当代优秀书籍，对接"潍坊市中小学阅读能力提升工程"，学生自选课外阅读书目，必读过硬，选读夯实，人人有精读必读篇目。

借助课本的"快乐读书吧""资料袋"和"阅读链接"整理出适合孩子阅读的优秀国内外书籍，通过听读和选读的方式，提高学生的阅读速度，开阔了学生的视野。

②研究出课内阅读与课外阅读双线并轨机制

秉承课外阅读是课内阅读的拓展和延伸，是课内语文要素的必要补充的

理念，让课外阅读课程体系成为每节语文课的必需素材，很好地与课内阅读进行了衔接。便于老师为学生打造一个知识运用的平台。学生可以借助于课外阅读课程体系提供的课外书，随所学内容和进度进行自我练习，也便于老师考察学生阅读方法的应用能力，同时也成为学生课外阅读、亲子共读的绝佳凭借。为家长提供一个了解孩子阅读水平的平台，建立了一个家长帮助孩子提高阅读能力的媒介。

③开发小学生课外阅读十二阶梯测评资源库，出台有效评价机制

小学生语文阅读能力十二阶梯课外阅读体系的建立为测评资源库提供了很好的资源。我们根据课程标准和语文要素建立的课外阅读体系，是在我们学校全体教师对课程标准的目标、评价、内容进行研究和分解基础上，各年级的语文老师对语文要素的整理的基础上建立的，符合孩子的年龄特点，具有科学价值，具有可行性，教师们积极研究了评价机制，并根据教学评一致性对评价机制进行了深入研究，是适合评价机制的，具有可操作性和实践性。

实现了课内阅读与课外阅读评价标准有机统一，双线并轨，充分利用家校资源，形成课外阅读的实际操作与有效评价、反馈机制。同时，结合实际让师生自我展示，采用多元的评价方式，建立了线上和线下的评价机制，不同的年级采用不同的评价方法，形成积分制管理，调动和激励其积极性。

④提供了阅读能力课程化研究的实践范例

小学生语文课外阅读课程体系将阅读内容有效地分解到学期学习过程中，不仅利于教师检测阅读教学，也让学生在进阶过程中得到及时反馈、在线指导和正向激励，利于保持持久的阅读兴趣，在阅读中逐步掌握阅读方法策略，提高阅读速度，超越小学六年时间内完成600万字以上的阅读总量。按照学期进行各阶段课程资源整合，将课外资源与课内资源紧密衔接，同步应用于各学期的教学过程中，采取相应的评价与反馈，达到提升小学生阅读能力和发展小学生语文核心素养的目的。

（2）理论价值

项目研究围绕小学生语文核心素养的形成与发展，依据《语文课程标准》2011版提出的"小学语文必须高度重视并引导学生进行课外阅读。"依托现行

小学语文统编本教材、中华优秀传统文化、现当代优秀书籍，同时借鉴心理学家观点，小学生的心灵发展是一个由量变向质变的发展过程，对课内外阅读在扩展学生知识、培养阅读兴趣、养成阅读习惯、提高读写能力、发展思维、陶冶情操、促进志向等方面进行研究。因为大量阅读扩大了信息的输入和积累，这些信息的广泛性、层次性和新颖性，促进学生人格与才华向高层次发展。再者，根据人的发展关键期论点，十三岁以前，也就是小学阶段是人的机械记忆的黄金时期。

因此，我们在教学工作中，应遵循儿童心理发展规律，让学生多读多记，扩大学生的课外阅读量，丰富词汇量，为学生的终身发展做准备。根据以上几点构建的"十二阶"课外阅读课程体系同步于小学语文各学期的教学与评价过程中，对学生在每个学段、年级、学期的阅读能力都做出较为准确的评价。记录中发现学生将课内阅读学到的基本方法运用到大量的课外阅读中去，使学生"得法于课内，受益于课外"，极大方便和改善阅读教学评价和学生自主阅读评价，对教师教学和学生学习能够及时记录、反馈和激励，诊断出了学生存在的阅读障碍，发现了教师在阅读教学中存在的问题，让教与学更具针对性。同时为教师教学提供参考资料，将会让更多的学校师生受益。

3. 研究假设

我们充分利用本校语文学科核心团队特别是课题组成员的研究和实干精神，发挥县内外专家的引领作用，在构建小学生课外阅读课程体系，指导学生选择课外阅读书目，建立小学生十二阶梯课外阅读课程资源库。

基于对"小学生语文阅读能力十二阶梯课外阅读课程化的研究"引领，我们提出如下假设：课题研究成果将会给学生带来怎样更大的提升？日常教学中，在阅读领域将会带来怎样的影响？项目将会发展到哪一步？

我们在与总课题组负责人薛炳群主任进行线上、线下沟通、请教的基础上，邀请潍坊学院的曲振国教授、市教科院的王志全主任、县教研室的韩传工主任进行指导，确定课内阅读评价标准和评价方式，创建小学生十二阶梯课外阅读测评体系，将会满足学生的阅读需求，培养学生的阅读兴趣和能力，提升学生核心素养。

课题研究取得一定经验后，我们将与各县市区的研究团队进行积极交流，把我们的先进理念和经验，过程性研究资料及研究成果进行推广，使其他学校师生受益。

对本项目我们将不会停止研究，按时跟项目组负责人进行汇报，并根据指导意见对已取得研究成果进行完善和改进，使我们的项目研究随着社会和时代的发展不断发展与进步。

4.核心概念

语文课外阅读是课堂以外阅读能力、内容、方式、评价等各方面的综合体现，是语文学习的有机组成部分，对提高学生的人文素养起着至关重要的作用。

课程化是将理论教学与实践学习结合成一体的系统化的学习体系。作为工具性与人文性统一的语文课程，更应借助课外阅读的开展和指导，形成一门集开发、研究于一体的课程来培养学生多方面的能力。我校进行"小学生语文阅读能力十二阶梯课外阅读课程化的研究"，构建小学生课外阅读十二阶梯课程体系，十二阶梯对应六年制小学中的十二个学期，与课内阅读教学活动同步并行，积淀学生人文底蕴，提高学生的品德修养和审美情趣。

（二）研究背景和文献综述

1.理论基础

（1）新课改理论

在《语文课程标准》（2022版）中，课程理念强调"以促进学生核心素养发展为目的""综合构建素养型课程目标体系""倡导少做题、多读书、好读书、读好书、读整本书，注重阅读引导，培养读书兴趣，提高读书品味"等等关于阅读的要求；而在课程目标中，首先强调的核心素养内涵就是"文化自信"——"了解和借鉴人类文明优秀成果，具有比较开阔的文化事业和一定的文化底蕴"。

（2）布鲁姆教育评价理论

布鲁姆的教育评价理论也是一种改革的评价理论。传统的教育就像一个金字塔，适龄儿童几乎全部入学，而后随着教育年限的加深，可以接受更高一级教育的学生会变得越来越少。作为教育评价主要手段的考试测评，在传统观念看来其唯一的用途就在于成功地淘汰了一批批的学生。传统的东西任何时候都具有一定的自发性。布鲁姆的教育评价观念却与此不同，他态度鲜明地反对以筛选和淘汰为目的的教育评价观，认为教育评价应以改进教学为中心，以适应学生能力为标准，以发展学生能力为目标。他认为以考试的形式为学生划分等级对学生的人格和个性发展是十分不利的，不但会在学生心理上打下一些消极的烙印，有时更会影响一个学生的整个一生。

（3）霍华德多元智能理论

多元智能理论是由美国哈佛大学教育研究院的心理发展学家霍华德·加德纳（Howard Gardner）在1983年提出。加德纳从研究脑部受创伤的病人发觉到他们在学习能力上的差异，从而提出本理论。加德纳的多元智能理论是对传统的"一元智能"观的强有力挑战，给人以耳目一新之感。尤其是当前在新课程改革中，大部分教师对学生评价颇感困惑之时，他的理论无疑会给我们诸多启示。

（4）皮亚杰的建构主义学习理论

建构主义学习理论主张教学以学习者为中心，积极主动地建构知识，在教学过程中关注学生已有生活经验和知识背景，关注学生的实践活动和直接经验，关注内容的革新和探究教学方式的运用，关注学生的自主探索与合作交流，关注学生的情感和情绪体验。此理论为读写教学的研究与实践提供了非常好的指导。

2. 相关研究成果

一直以来，我国各个省市很重视儿童阅读，尤其是课外阅读的教育与研究，厦门市教科所苏文本先生等对"小学生大语文课外阅读活动模式"进行了研究与实践，华中师范大学夏家发老师提出了"以学生为主体的课外阅读指导"……这些都为本课题的研究提供了许多有益的参考与借鉴。课外阅读课程的开发是我国基础教育学校课程改革面临的重大问题，经过长时间的调查，我们发现小学生及家长面对琳琅满目的图书不知如何选择，而教师缺少对课外阅读课程资源的开发和建设，以致小学生对课外阅读兴趣缺失。

《语文课程标准（2022版）》对中小学语文阅读能力评价的实践中也有基于标准的评价探索，对阅读教学目标的规定更加明确，在课程评价和学业质量中均有要求，"要综合考察学生阅读过程中的感受、体验和理解，要关注其阅读兴趣与价值取向、阅读方法与习惯，也要关注其阅读面和阅读量，以及选择阅读材料的能力。重视对学生多角度、有创意阅读的评价"为阅读教学和评价提供清晰的指导。

2003年，全国教育科学规划"十五"重点课题"小学生语文能力评价研究与实验项目"，其中"小学生阅读能力评价研究"子课题研究依据《课程标准（实验稿）》，制定了测评量表，考查二、四、六年级学生的阅读能力，缺少详细到每个年级、每个学期的评价标准和工具。

在美国，要求小学三年级以前必须具备良好的阅读能力，学校教育主张向家庭延伸，小学生是没有家庭作业的，但是每天都要读课外书。多而广的课外阅读可以使学生打牢坚实的知识基础。在德国，从整个社会到学校到家庭都比较鼓励孩子阅读。餐厅、诊所、包括大型活动场所，都会有安静角落提供画笔、纸张和故事书。孩子们包括家长都可以在等待中安静的读书。德国的成人给孩子做了很好的榜样，车站、咖啡厅或者阳光下的草坪上，孩子们四处看到的都是在读书读报的人。针对小学生，学校和老师们有很多方法鼓励阅读，一年级会有班级读书夜，孩子们带着睡袋和自己喜欢的书到教室里过夜，老师会选一本给大家读，孩子们也可以自己讲书里面的内容。近年来，随着新媒体的发展，整个世界阅读兴趣普遍下降，俄国也存在着阅读危机，俄罗斯人的阅读率、阅读水平、学生阅读率等都出现了下降。俄罗斯列瓦达分析中心对俄罗斯国民阅读情况进行了调查。结果显示，俄罗斯民众的阅读倾向逐渐娱乐化、年轻化和女性化，成年人中有55%不买书,46%根本不看书。

西方许多国家展开了不同程度的国民阅读状况评估与调查，同时将调查结果向社会公布，向社会寻求积极的改进措施。以上各国家课外阅读状况说明，各个国家在一定程度上都存在着阅读危机。我国面临的阅读问题更为严重和迫切，现在的课程教材体系已不能满足学生的阅读需求，制约了学生的阅读兴趣和能力的培养，学生核心素养的提升受到限制。

近年来，山东省昌乐特师附属小学对《课程标准》进行了精细化研究，构建了与课内阅读相匹配的课外阅读"十二阶"评价体系，并与课内阅读教学同步进行，将阅读教学及评价延伸至课外，及时便捷地指导阅读教学，培养小学生语文阅读能力。

山东省昌乐特师附属小学课程与教学研究中心引领骨干教师对阅读教学进行了大量研究，构建适合我校学生的课外读书课程体系，努力提升语文教学整体水平，更好地培养学生的语文素养。在课外阅读能力提升方面，我们已经做了大量工作，我校语文教研室课题《小学语文"三读""三写"读写教学的研究》对课外阅读的内容和实施进行了整体构建，已取得初步成效。在此基础上，我校将继续对学生的课外阅读情况进行调查研究，整理学生课外阅读中存在的问题，建立与现行教材和学生实际需求相匹配的课外阅读课程体系，从课外阅读课程的目标、内容、实施及评价等方面进行进一步的研究。

（三）研究程序

1. 研究目标

①确定十二阶梯课外阅读课程目标

依据《课程标准》和统编本教材中的语文要素，确定课外阅读与课内阅读有机统一的训练目标。开展海量阅读，开阔眼界，培养思维，激发学生学习积累语言的兴趣，提升语文学习能力，全面发展学生语文素养。

②构建十二阶梯课外阅读课程内容体系

按照必读、选读、听读、诵读四位一体对所读内容进行规划，依据各年级学生特点，借助中华优秀传统文化和现当代优秀诗歌，整理出小学生课外阅读的文言经典、传统经典、现代诗篇目，人人有诵读篇目；借助现当代优秀书籍，对接"潍坊市中小学阅读能力提升工程"，学生自选课外阅读书目，必读过硬，选读夯实，人人有精读必读篇目。

2.研究方法

（1）调查研究法

通过问卷调查、实地调查、走访、座谈等方式，了解学生的阅读时间、阅读兴趣等，收集教师、家长、学生对于课外阅读的建议。

（2）文献研究法

通过对国内外小学语文阅读课程的相关文献资料的检索，查阅相关期刊、论文资料，并通过互联网检索与之相关联的资料，在此基础上，认真梳理、归纳、分析，掌握相关研究内容的历程、现状、发展趋势，以及存在的问题与不足，启迪课题组成员的思想，开阔研究视野，确定研究方向。

（3）行动研究法

项目组成员既有来自学校教研室的教科研领导，也有学校学科教研人员和学校一线教师。教科研领导可以给予方向引领和理论帮助，一线教研人员和教师有着丰富的实践经验，理论研究与实践探索有机结合，为课题研究的顺利实施提供了有力保障。在课题研究中，组织校本教研，进行语文课外阅读指导课程和读书活动的研究，在实践中不断探究、反思、提升。采用"计划——实施——反思——改进"教育行动研究的方法，在计划实施中发现问题，通过反思，进行原因分析，采取改进措施，再次进行实践。

（4）个案研究法

本课题拟选择有代表性的师生，展开个案研究，对一些成功的经验做法加以总结，最终形成典型个案，予以推广，从而对课题研究起到积极的推进作用。

（5）经验总结法

在课题研究过程中，对实践活动中的具体情况，及时地进行归纳与分析，找出实践经验中的规律，使之系统化、理论化，从而更好地指导教学实践。

3.技术路线

（1）研究内容结构图

```
                                                    ┌─────────────────────────┐
                                                    │《义务教育语文课程标准》│
                                                    ├─────────────────────────┤
  ┌────────────────────────────────┐                │ 统编版小学语文教材      │
  │国内外小学生课外阅读课程及评价体系的已有研究成果│─┤ 中华优秀传统文化        │
  └────────────────────────────────┘                │ 现当代优秀书籍          │
                                                    └─────────────────────────┘
```

现状研究	小学生及家长面对琳琅满目的图书不知如何选择	建立小学生课外阅读的目标、内容、实施与评价体系	课题研究过程	确定十二阶梯课外阅读课程目标
	小学生课外阅读兴趣缺失问题			构建十二阶梯课外阅读课程内容体系
	小学生课外阅读的评价与反馈问题			实施十二阶梯课外阅读课程策略
	课内阅读评价体系与课外阅读评价的有机统一			形成十二阶梯课外课程评价机制

基于课程标准，基于教材，基于学情，构建小学生课外阅读课程体系，指导学生选择课外阅读书目；

建立小学生十二阶梯课外阅读课程资源库，对十二阶梯课外阅读课程进行深入研究；

确定课内阅读评价标准和评价方式，创建小学生十二阶梯课外阅读测评体系。

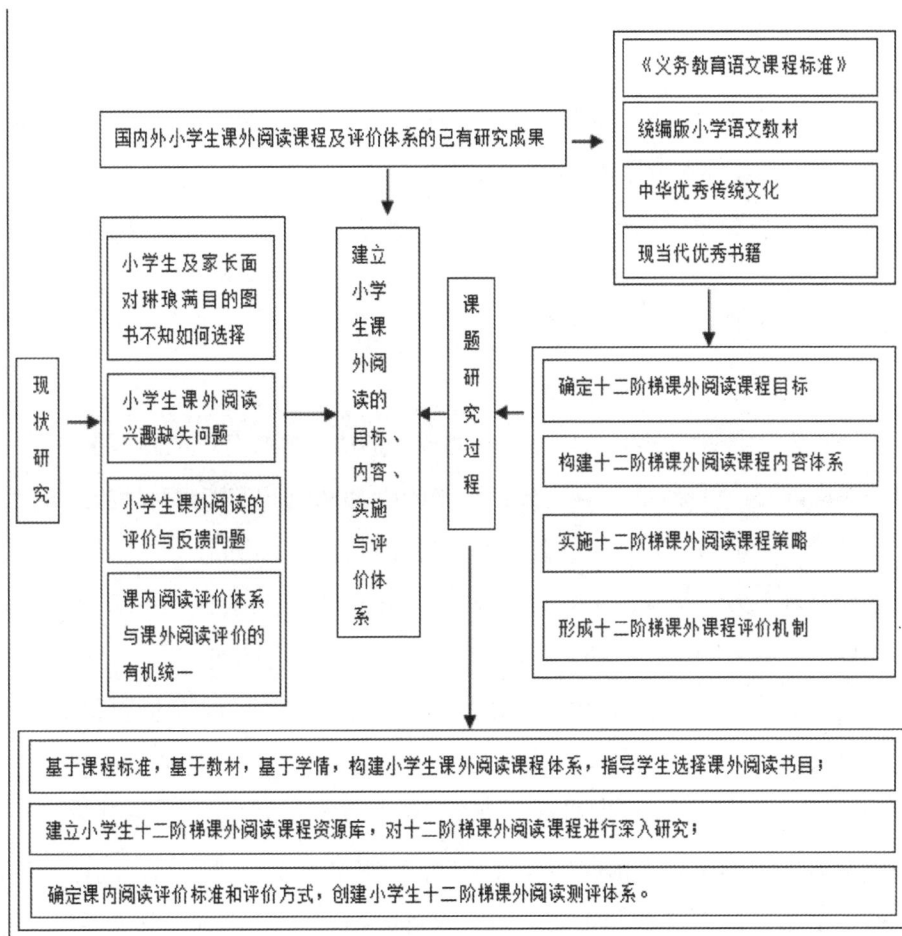

　　针对小学生及家长就琳琅满目的图书不知如何选择、小学生课外阅读兴趣缺失、小学生课外阅读评价与反馈不系统、课内阅读评价体系与课外阅读评价无法有机统一等一系列问题的现状，基于国内外小学生课外阅读课程及评价体系的已有成果（《义务教育语文课程标准》、统编版小学语文教材、中华优秀传统文化、现当代优秀书籍）确立小学生课外阅读的目标、内容、实施与评价体系，在课题研究过程中，基于课程标准、教材、学情，构建小学生课外阅读课程体系，指导学生选择课外阅读书目，建立小学生十二阶梯课外阅读课程资源库，对十二阶梯课外阅读课程进行深入研究，确定课内阅读评价标准和评价方式，创建小学生十二阶梯课外阅读测评体系。

（2）分解各年级的课程标准阅读目标和语文要素

课题组成员根据自己任教年级，从课程标准入手，根据需要分解的课标条目，形成分目标。严格按照研读课程标准、选择课标条目、提取关键词语、分解细化课标的分解流程进行操作和研究。研究小组一致认为，教学目标的叙写要识记、理解、应用、分析、综合、评价、创新六个层次目标的理论，知识与技能、过程与方法、情感态度价值观三个维度兼顾，达到显性目标和隐性目标的同步实现。

（3）设计课外阅读的评价标准

评价设计是针对学生的具体行动而设计的表现性任务。它是根据分目标进行对应的评价设计，检测学生分目标即（相应的）知识和能力目标的达成度。基于评价设计的教学过程设计是根据分目标和对应的评价设计，去设计对应的教学活动。教学活动的语言可以根据不同的课堂进行设计，但都以教会学生如何学、怎么学，最终都是对学生学习过程和方法的落实。

团队成员先是分散学习课程标准中关于阅读方面的内容，圈点勾画。然后召开集体学习课标研讨会，由项目负责人领学，从课程性质、课程理念、课程目标、课程内容、学业质量、课程实施以及附录等方面，逐条认真学习，并结合日常教学中存在的问题或者不足，以及我校教学的现状，进行阐述，团队成员认真做了记录，团队成员再次把课标内容进行梳理，制成课件，把学习收获及体会及时分享交流，团队成员借机互相学习、取长补短、共同提高，并针对提出的意见再次学习、梳理。

（4）探究课外阅读评价方式

①线上评价：评价学生的阅读时间、数量、广度和专注度，以促进学生阅读能力的提高。主要应用借助于评价系统，本校主要采用班级小管家、学乐云平台和微信打卡进行评测。为了响应教育部的"双减"政策，线上评价主要在假期使用。

②线下评价：评价学生的阅读态度、数量、广度和能力，以促进学生阅读能力的提高。低年级采用问卷调查、面谈，中高年级采用评价量化表和书面监测，线下评价主要在校内进行。

a. 评价量表。用于日常考察，在读四年级的《十万个为什么》这本书时设计如下评价量化表。

b. 纸笔评测。用于阶段性考察，教师积极建立试题库，随着日常练习进行测试，督促学生积极进行课外阅读。

c. 情景剧展演。学期初，教师确定本学期情景剧展演书目范围，督促学生积极阅读，理解阅读，将阅读内容绘声绘色的展示出来。

③亲子阅读。

a. 低年级学生开展亲子伴读。教师定期了解学生家庭亲子阅读情况，并搜集比较有价值的方法和经验。开展家长交流会时，让有成功经验的学生和家长做交流，现身说法给大家传经送宝。

b. 中高年级学生开展亲子共读。教师就本班和他班亲子共读中出现的一些共性问题进行梳理，提出合理化建议。并将一些有效的阅读方法进行归纳总结，为家长和学生提供好的方法和建议。

c. 组织亲子"说故事比赛"，评比出"书香家庭"和"阅读明星"，鼓励学生将所读的故事分享出来，更好地督促学生读书。

（5）探索课外阅读的方法

①课内课外相结合

各年级每周设置阅读课，指导学生进行整本书阅读。学生在完成每课学习后，教师会根据本课题提供书目进行拓展阅读指导，更好地运用了我们的阅读方法，响应国家"双减"政策，我校教师精心设计家庭作业，减轻了学生写的数量，增加学生阅读的数量。课内课外相结合，培养了学生的阅读兴趣和习惯。

②引读和自读相结合

教师对整本书内容进行介绍，并讲解阅读策略。学生根据教师教授的阅读策略，在课内课下自主阅读。引读和自读相结合，学生学会了整本书的阅读方法，同时应用了阅读方法，使学生的阅读能力大幅度提升。

比如，有的老师执教的《中国古代寓言故事》整本书引导课，介绍了书的主要内容，借助故事讲了阅读策略，联系本单元的语文要素"读寓言故事，明白其中的道理"进行阅读，激发学生的阅读兴趣，引导学生养成积极阅读的好习惯。

还有交流课，在老师绘声绘色的指导下，学生展示了自己的手抄报，读后感笔记，在家读书的状态等，孩子们讲了自己的阅读故事，交流了阅读体会，并评选了阅读小达人，孩子们收获颇丰。

③精读和略读相结合

中高年级语文教师会根据学生阅读情况精选一部分文章，这些文章学生需要结合本单元语文要素精读。整本书阅读属于略读，重在运用学习方法和阅读策略。略读策略即把握文章的主要内容和结构，默读、快读、跳读、品读精彩片段等。

（6）设计课外阅读评价过程

①梳理内容，明确任务。各科老师在开学前整理出每个学科每个单元的内容梳理，并相互学习，明白各科的前后联系。各科老师在新学期开学，并不急于讲新课，先上一节思想引领课，一是将学科课程在本学期的内容和任务跟学生交交底，让学生做到心中有数；二是公示学习评价表，每个学生根据教师的评价表，整理出自己的评价表，方便记录自己的学习过程。

②整理"两表两册"，激发主动性。所谓"两表"是指学科内容一览表、内容梳理表；"两册"是两个评价手册，教师手执班级评价手册，学生自带个人评价手册。教师教有所依，学生学有目标，尤其是学生的自我评价，更能激发学生内在的主动性。

③拓展阅读，评价学业。学生的课外自主学习或拓展，纳入学业评价。课外阅读是课堂学习的一个延伸，是不可缺的，促进学生课外自主阅读拓展的重要举措是把课外阅读纳入学业综合述评。为了更有利于让学生在课外保持阅读的热情，教师在针对课外阅读进行评价时，一是评价要全面，二是弱化终结性评价，强化过程性、发展性和综合性评价。从学生阅读水平、阅读兴趣与动机、阅读习惯等构建起完整的质量评价体系，深入剖析每个学生的阅读态度和阅读状况，努力用立体、多元、综合的学业述评，全面考查了学生的阅读能力，这样能有效弥补传统评价中纸笔检测的不足和单一，提供给

学生全方位的立体评价，促进学生自我成长。

④总结述评，激励先进。期末学业综合述评分学生自评、小组评价、任课教师、家长评价四个维度进行。既有等级的评价，又有详细的描述性评价，并结合通过评价反映出的问题，给出具体的建议，鼓励学生通过评价及时反思，明确下一步学习态度、学习方法以及所学知识的努力方向，逐步提高学生自主阅读的成效。

（7）确定课外阅读书目

①快乐读书吧推荐书目

②课本节选书目

① 课后链接和资料袋等涉及书目

比如《穷人》课后"资料袋"中提到列夫·托尔斯泰的《战争与和平》《安娜·卡列尼娜》《复活》、奥地利作家茨威格的传记作品《三作家》;《好的故事》课后"阅读链接"中提到冯雪峰的《论〈野草〉》、李何林的《鲁迅〈野草〉注解》等。

④教育部推荐的自主阅读书目

⑤潍坊市教科院推荐书目

⑥中华优秀传统文化经典书目

（四）研究发现或结论

在《语文课程标准（2022 年版）》，对小学生语文"阅读"方面的学习目标和内容的指导下，在省市专家和学校领导关心和支持下，《小学生语文阅读能力十二阶梯课外阅读课程化的研究》课题组依据研究计划，按照研究步骤循序渐进开展，达到了预期目标，取得了一定的研究成果，得出如下结论：

1.学生层面

（1）以课文阅读为基点，进行扩展延伸，筛选大量的适合小学生阅读的文章，学生的阅读目标更为明确，阅读量大大增加。很多学生的读后感获得省市一、二等奖;在寒暑假读书征文中获奖。

（2）构建以课堂为主阵地，形成课内阅读与课外阅读相结合的训练，学生在广泛的阅读素材中寻找共同点或者不同点，在阅读过程中不断发现、总结阅读方法，并自觉运用于以后的阅读。

（3）积极开展课外阅读实践活动，学生的阅读实践得以丰富，学生的阅读视野得以开阔，学生的阅读、鉴赏能力得以提高，培养了学生良好的阅读趋向。

（4）形成同经典对接，与时代同步，视野开阔，触类旁通，有效阅读表达创见的整体语文素养。

2. 教师层面

（1）正确认识课外阅读的作用。作为语文教师树立一种大语文教学观，把视野放宽到家庭生活、社会实践的广阔领域里。

（2）积极地激发学生阅读兴趣。教师从情感上激发，使学生有一种强烈的改善自我、完善自我的动力。教师可以通过朗读精彩片段、讲述作者创作故事、通过设疑惑造悬念、简介主要内容、借用名人（媒体）评价来吸引或激发学生的兴趣和求知欲。

（3）课堂上教师应少讲多读，注重读书方法的指导。教会批注、圈点、记录等阅读方法，养成默读、速读、诵读等阅读形式，调动学生的阅读兴趣，给学生留更多的读和思考的时间与空间。

（4）经常开展读书交流活动，推荐书目，介绍新书，交流心得。每周一节语文阅读汇报课。做到每日诵读、每周美文、每周一习作、每月一交流。每月评选"课外阅读读书之星"。

3. 通过交流读书心得，读书卡片制作比赛等方法促进学生阅读

要让学生树立"不动笔墨不读书"的观念，要求他们随读随记。不同年龄年级学生的要求可视具体情况采用具体方法。

总之，培养学生阅读习惯、提高阅读能力，不单单是语文课程的任务和语文教师的责任，而是整个学校的教育任务和全体教师的教育责任。在项目研究中，我们在线上广泛听取了在语文阅读教育教学方面有影响的课题专家报告，邀请教研室的领导和教师来给教师们做指导，认真听取他们的意见，同时广泛应用于我们身边的课堂教学。《小学生语文阅读能力十二阶梯课外阅读课程化的研究》培养学生的阅读兴趣，养成良好的阅读习惯，促进了学生

正确的阅读方法的运用，提升了学生的阅读能力、文学鉴赏能力，优化课内外阅读课程教学的结构，提高开拓学生的精神世界和心灵空间，让读书成为习惯，熏陶学生美好的心灵。希望所有的老师、家长共同合作，营造良好的氛围，让越来越多的孩子能在课外阅读的广阔天地里自由遨游，让越来越多的孩子能体验到阅读的快乐。

（五）分析和讨论

义务教育《语文课程标准》指出"语文课程资源包括课堂教学资源和课外学习资源。"从课堂教学到社会生活、人文知识、自然风物都可以成为语文课程资源发挥应有的教育功能。《小学生语文阅读能力十二阶梯课外阅读课程化的研究》使学生阅读课程具体化、明朗化，各学段与各学期的阅读结构很有层次且比较清晰，语文教师都可以选定其中的任何一阶，作为学生阅读课的切入点，聚焦统编教材语文元素，将阅读内容在学期学习过程中应用，不仅利于教师检测阅读教学，也让学生在这一阶阅读过程中得到及时反馈，有利于学生保持持久的阅读兴趣，在阅读中逐步掌握阅读方法策略，提高阅读速度。

在研究过程中，我们遵循语文规律，利用身边资源，学习相关理论。教师还利用身边的自然和人文的课程资源，组织学生参加社会实践调查研究，参观访问；引导学生了解民俗民情、民间文化，使学生的语文学习不脱离语文教材。

我们还积极投身到新的《语文课程标准》的实践中去合理利用，研究教师在课题研究的过程中，发现的学生的阅读问题进行反馈，激发出的自己对阅读教学的新思考。全面地记录自己的研究，并形成改进自己阅读教学行为的方案，在自己的教学实践中作新的尝试，在尝试过程中再记录再发现，从而使自己的教学行为处于不断地重新建构之中。

总的来讲，《小学生语文阅读能力十二阶梯课外阅读课程化的研究》是学生课外阅读要在老师的方法指导下进行，课外阅读的目的是积累和提升，最终目标是应用，我们不能把课外阅读仅仅停留在课程的层次上，更主要的是让学生知道如何应用，如何把方法变为实践。在课外课程的阅读指导中，我们不但要让学生博览和积累，更要让他们内化和应用，这才是我们语文老师所追求的。

（六）建议

1. 保证课外阅读时间，取得家长全力支持

教师在学校通过各种途径为孩子争取阅读的时间，这还是远远不够的，所以需要我们老师怎样培训好家长，在家里的阅读还需要家长的大力配合和监督，必要时家长和孩子一起阅读、讨论，以激发孩子的阅读爱好。

2. 教给学生阅读方法，注重摘录积累

指导学生制订阅读计划。要有长计划，短安排。有了阅读计划，就能大大提高阅读效率。因此，我们在指导学生课外阅读时，要求学生对于一些精彩片段中的好词佳句，做读书笔记，写出自己的心得、感悟。

3. 关注个体差异，设计不同阅读方法

不是每一种方法都适合每一个小学生的。阅读水平高低有差异，是无须争辩的事实。建议老师们针对不同的个体，设计不同的指导阅读方法。

4. 举行赛事活动，调动阅读探索欲望

举行读书报告会、故事会、读书笔记展评等活动，不仅能激发学生的热情和表现欲，使阅读能真正深入学生的内心中去，让他们觉得阅读就是享受，充分调动他们的积极性和增强他们探索更多知识的欲望，还为学生创造良好的读书氛围，减轻学生的课业负担。

"小学生语文阅读能力十二阶梯课外阅读课程"同步于小学语文各学期的教学与评价过程中，将极大方便和改善阅读教学评价和学生自主阅读评价，对教师教学和学生学习能够及时诊断、记录、反馈和激励，对学校和教育主管部门可以进行教学质量评价与监控。发表的论文、完成的研究报告等可为教师教学提供参考资料，让更多学校的师生受益。

（2022 年 6 月郝秀丽主持的潍坊市教育科学"十三五"规划课题《小学生语文阅读能力十二阶梯课外阅读课程化的研究》结题材料节选）

四、小学协同进阶式阅读体系的构建与实践研究

协同进阶式，即在学校主导、家庭伴读、社会辅助三方合力引领下，结合学生思维发展规律，以学生实际阅读水平为基准，从基础理解、推理解码、评鉴扩展三个层次及辨识与提取、归纳与分析、比较与综合、推断与预测、赏析与评价、创意与应用六个阶段设计层级进阶阅读，实现阅读素养的动态进阶发展。

（一）研究缘起

1. 研究梳理

本项目研究中，研究者以关键词"小学阅读体系"在中国知网进行搜索，搜索到相关文献 77 条；以关键词"进阶式阅读"进行进一步搜索，搜索到相关研究结果 43 条。搜索"协同进阶式阅读"和"小学协同进阶式阅读体系"，未搜索到相关研究文献。从相关文献可以看出，国外对分阶阅读的研究起步较早，且各有侧重。如欧洲应用较为广泛的蓝思分级法先仔细考查与整体阅读理解力相关的各项元素，再通过计算机程序计算，确定出版物的难易程度并划分为 0L 至 2000L 进行分级阅读；英国"牛津阅读"根据阅读水平选择适合的读物；美国 A-Z 法则采用电脑软件和专家分析相结合的办法，将图书按 A-Z 分为 26级。目前，在欧美国家普遍使用的阅读分级标准主要有四种：年级和基础分级体系、指导性阅读分级体系、发展阅读评估分级体系和蓝思分级体系。许多国家都在积极推动协同育人的实践，例如美国的"家长教师联合会"（PTA）和芬兰的"家庭学校合作"（Finnish National Board of Education）。此外，还有个别经济欠发达国家的放任分离类型，学校和家庭教育各自为政、互不干涉。

国内也陆续开展了一些分级阅读和协同共育的研究与实践。廖先和祝新华发表《从国际阅读评估项目的最近发展探讨阅读评估策略》一文，把阅读能力分为"复述、解释、重整、伸展、评鉴、创意"六个等次，构建了阅读

能力发展和阅读水平评估体系；黄伟发表《阅读教学中文本解读的三个层级》一文，提出"层级进阶阅读教学理论"，将阅读教学分为"三层六级"，构成了学生语文素养六级发展水平。国内关于协同阅读的研究较少。2015年，首都师范大学诸立尚在论文《数字化环境下的协同阅读教学模式的研究》中，旗帜鲜明地提出家校协同在阅读教学中的重要作用。也有专家提出优化青少年读书环境离不开学校、家庭、社会三个主场。

2. 研究动态

协同分级阅读（graded reading）理念源于欧美，已有近百年的发展历史。分级阅读最初由美国学者威廉·麦加菲（WilliamMcGuffey）在1836年开发了第一套社会广泛使用的分级阅读标准。关于协同阅读最早于1996年美国联邦教育部发布"阅读指南"，使家长有效地帮助子女提高阅读水平。

我国关于协同共育方面的研究最早出现于1950年，迄今已有60多年历史。2015年，第十一届中国儿童阅读论坛探讨了"儿童阅读分级"这一主题；2020年10月，中央宣传部印发《关于促进全民阅读工作的意见》，明确提出积极建立阶梯阅读体系；2022年10月，党的二十大报告提出"健全学校家庭社会育人机制"；2023年5月，教育部启动"全民阅读标准建设工程"三年完成中文分级阅读标准建设，通知中提出了分级阅读对提高全民阅读和提高阅读素养的重要性。

综上所述，各国在一定程度上都对阅读目标、阅读内容、阅读水平的分级等方面较为重视，但对分级阅读体系的研究大多以年龄为界限划分分级阅读内容，较少重视学生的个体差异。我国小学进阶式阅读体系研究存在以下几个特点：一是多集中在语文阅读，其他学科的阅读涉及很少；二是开始积极寻求家校协同的有效途径；三是大多以年级或年龄作为分阶标准。关于协同育人的理念在我国也受到了广泛认可，但也存在一些问题，例如社会组织参与不充分，限制了协同育人的发展。虽然我国已经提出针对推广分级阅读的各种积极措施和文件，但现阶段分级阅读的标准，大部分依照年级或年龄来划分，无法触及儿童对于阅读的真正需求，即提高阅读能力、思维能力及认知水平。推广分级阅读，应从家庭、学校、社会三位一体入手，开发科学的指导手段，研究和推广基于阅读素养的小学协同进阶式阅读体系。实施全民阅读标准建设工程，建设服务全民阅读活动的中文分级阅读标准，将填补国内全民分级阅读标准建设空白。

　　我校通过对学生阅读现状进行问卷、座谈等多种方式调查，发现学生存在阅读范围狭窄、阅读兴趣淡薄、内容选择困惑、评价方式单一等状况。根据学生阅读素养及阅读培养目标设计家校社协同进阶式阅读，即家庭、学校、社会协同参与学生的进阶阅读与评价，突出中华优秀传统文化的传承，开发评价工具，创新评价方式，改变传统的纸笔测试，注重过程性的阅读述评记录，融合成学生阅读大数据指标，便于教师及家长及时了解学生阅读情况，利用学校、家庭及社会资源补充学生的阅读缺失，真正达到家校社协同阅读及测评，打开学生全科阅读新局面，促进全民阅读，创建基于阅读素养的"小学协同进阶式阅读体系的构建与实践"研究项目。

　　3. 对已有研究的学术和应用价值

　　项目研究人员通过对山东省寿光市的"全科阅读"及山东省小学语文的"阅读中外经典，享受读书乐趣"乃至全国同类项目进行查阅，该项目有以下方面的新进展：

　　（1）学术价值

　　本项目对小学协同进阶式阅读体系的构建与实践研究，能够丰富现有小学协同进阶式阅读的理论体系，为开展小学协同进阶式阅读提供理论借鉴。我校结合各级文件精神及对协同进阶式阅读的探索，构建共育"融合圈"，推动全科阅读；创建"三层六阶"层级进阶阅读，定制进阶标准；针对分阶目标规划阅读内容，扩展视野；深入探索家校社协同育人机制的方式及渠道，创新协同评价策略，建立全新评价系统，全面提升学生人文素养。

　　（2）应用价值

　　本项目构建阅读进阶标准、内容、途径、评测"四位一体"的阅读进阶体系，形成家庭、学校、社会联动的阅读进阶新局面，推动阅读层级化、结构化，引领学生全科阅读，深化全民阅读活动。研究成果可以在本县或者其他同类学校进行推广，为小学协同进阶式阅读体系构建及实践提供范例。梳理的活动过程和探索的网格化阅读育人模式将为兄弟学校的研究提供参考；创设的进阶式阅读模式、"三层六阶"阅读资源库和测评资源库将为同类学校提供宝贵的借鉴资料。

（二）研究内容

1. 本项目的研究对象

本校 1—6 年级学生。

2. 总体框架

本项目研究依据小学生思维和语言发展特点及对文本信息的处理加工能力，将学生阅读发展水平分为三层次六阶段，确定相应的内容序列。根据阅读内容规划阅读时间，检测阅读成效，通过阅读引领课及选课走班等方式，借助丰富多彩的阅读活动，强化师资力量，发挥学校主导作用。联结家庭和社会，在内容选择和伴读方式以及拓展社会辅助渠道、协调社会资源使用等方面，引领家庭伴读和社会辅助阅读。借助数字媒体及纸质述评，对学生的阅读指标完成情况进行记录、评价和反馈。依据"三层""六阶"制定具体的进阶评价指标，运用多种方式融合学校、家庭、社会进行协同评价。

3. 重点难点

研究重点：构建小学阅读进阶标准和内容序列。针对小学生阅读目标不准、内容不清的问题，制定"三层六阶"分阶目标及进阶标准，整理相应阅读书目，增强学生认知。

研究难点：小学协同进阶阅读实践及评价系统的实施。针对小学生阅读兴趣淡薄、评价主体及方式单一问题，发挥学校主导作用，调动家庭和社会力量，引领学生有效阅读，对阅读成效进行协同评价。

4. 主要目标

通过探究协同阅读路径，指导学生进阶式阅读，家校社协同阅读实践，提升学生阅读能力。

1. 构建家校社阅读共育"融合圈"，推行网格化阅读育人模式。

2. 通过家校社阅读体验，总结有效阅读策略。

3. 创设进阶式阅读模式，实现阅读水平的进阶发展。

4. 采用多元化评价方式，建立系统的阅读测评体系。

（三）本项目研究的基本思路

1. 全环节建立协同进阶式阅读工作机制

（1）组建协同团队

在校长领导下，学校成立"协同阅读工作室"，把学校名师、骨干教师、家长志愿者吸纳到研究团队，建立以语文教师为核心，以骨干教师和家长志愿者为中坚力量，其他教师共同参与的协同进阶阅读三级工作机制。

（2）调查阅读现状

根据对我校学生阅读现状的调查和访谈状况，团队成员确定研究方向及思路，调查学生居住环境，学校与社区及周边书店、图书馆建立直接联系，制定阅读追踪制度，为提高学生阅读能力保驾护航。

2. 全层级开发协同进阶式阅读体系

（1）确定进阶目标

依据小学生思维发展规律及语言发展特点，将学生阅读发展水平分为基础理解、推理解码、评鉴扩展三个层次。针对学生阅读速度不一，对阅读材料的理解和感悟等方面存在差异的现象，设置辨识与提取、归纳与分析、比较与综合、推断与预测、赏析与评价、创意与应用六个阶段。依据"三层""六阶"进阶标准，基于课程标准、教材分析、现状调查，制定阅读总目标及分阶目标。

（2）整合阅读内容

基于核心素养的培养目标，依托小学各学科教材，借助优秀书籍，按照必读、选读内容及听读、诵读方式四位一体对课内外阅读内容进行规划，整理出各阶段经典阅读篇目，分为"传统经典、人物故事、社会科学、地域民俗"等板块。读传统经典知"仁、义、礼、智、信"；读人物故事学志、立志、守志；读社会科学明理、思辨、求是；读地域民俗，了解风俗文化，欣赏地域风光……

（3）协同进阶阅读

有效利用课内外阅读资源，以书为本、数媒为辅、资源融合，家校社三位一体实现课内外阅读双线并轨，发挥学校在阅读内容、方法、技巧等方面的示范引领作用。针对梯度性的阅读目标和不同年级学生设计不同阅读任务及评价标准，实施达标进阶。对阅读能力较强的学生，开放跨年级个性化进阶；对阅读能力相对滞后的学生，保留其进阶记录，继续在原阶层强化练习，保障学生的阅读能力稳步提升。

3. 全视角评价学生协同进阶式阅读能力

（1）确定评价经纬度

从家庭、学校、社会三个经度及阅读时间、内容、地点、方式、成效等多个纬度对学生阅读能力做出评价。同时充分发挥数字赋能评价的优势，坚持过程性评价与终结性评价相统一，实施家校社多元化网格化评价。

（2）丰富评价形式

运用阅读述评和积分制管理等评价方式，以数字赋能推动精准评价，关注学生阅读全程化。开展丰富多彩的活动，激发学生阅读兴趣和动力；创立同步阅读的能力评价应用系统，开发建设小学阅读能力分阶测评资源库和在线测评系统，完成测评资源库建设；进行阅读的有效评价与反馈，及时了解研究成效，将量化性、结果性评价转变为指导性评价，助力学生阅读个性化发展。

（3）拓展评价主体

家校社既是阅读点，也是评价点。按照边读边评的原则，重视教师、学生、家长的评价，更重视社会评价，工作室成员定期到阅读点收集学生阅读情况，并及时记录、总结。

（四）具体研究方法

1. 行动研究法

理论研究与实践探索相结合，采用"计划—实施—反思—改进"行动研究的方法，不断探究进阶式阅读目标构建、内容规划、实践体系及评价策略，及时反思、总结，同时邀请专家进行指导，不断改进、优化行动。

2. 调查研究法

通过问卷及实地调查、走访座谈等多种调查方式，全面了解学校、家庭及社会在协同阅读及评价机制等方面的现状，及时收集教师、家长、学生的数据信息，整理阅读建议，进行分析，了解研究成效，及时调整研究方向和策略。

3. 文献研究法

通过对国内外协同进阶阅读体系相关资料的检索，掌握相关研究内容的历程、现状、发展趋势及存在的问题，进行信息归类、筛选，借鉴学习协同阅读教育经验，查阅相关资料，结合学校实际确定研究方向，确保研究有更充足的理论依据。

4.案例研究法

拟选择有代表性的阅读教育案例展开研究，积累学生阅读、习作等优质素材，汇编教师教学设计，探索阅读指导策略，对实践活动中的具体状况，及时进行归纳与分析，对成功的进阶阅读经验加以总结、评价和反思，形成典型个案，对项目研究起到推进作用。

（五）实践价值

1.构建共育"融合圈"，推动多元全科阅读

充分利用日常生活、地域文化、数字教育等多种资源，扩大家校社阅读资源融合圈。学校主导、家庭伴读、社会辅助，建立家校社三位一体的阅读平台。加强不同学段、不同学科之间的垂直衔接和横向整合，打造多学科立体阅读，发展学生核心素养。

2.实施层级进阶阅读，发展学生高阶思维

探索层级进阶阅读体系。基础理解层，阅读自己感兴趣的文本，乐于讲述，敢于表达；推理解码层，赏析作品，明晰文本思路，表达自己的感受和想法；评鉴扩展层，批判、评价、解析文本，迁移运用，学以内化，接受优秀作品的感染和激励，说清自己的观点。依托"层级链"，搭建阅读支架，打破年级界限弹性进阶，实现思维高阶发展。

3.开发阅读评价系统，实现学生个性发展

家校社协同，依据评价指标，借助数字赋能实现尊重差异的深度阅读学习互动，形成"人机共评"新常态。采用阅读述评、数据评价量表、"两表三册（阅读内容一览表、梳理表；阅读述评手册、班级评价手册、五育并举评价手册）"等可视性、过程性和综合性评价，立体、多元、综合地考查学生的阅读能力，有效弥补传统评价中纸笔检测的不足和单一，形成独特的小学阅读评价体系。

五、以生为本的"尝试助学"生态课堂建设与实践探索

课堂教学是落实国家课程标准，实现学生核心素养的重要阵地和基本路径。课堂教学的效益不高，课堂教学的方式不对，会影响学生核心素养的形成。教学的有效性是教学的生命，也是当前课程改革的核心思想，更是教育内涵发展的必然要求。山东省昌乐特师附属小学从2016年开始进行课堂改革，基于"教—学—评"一体化的课堂教学改进，经过建设与实践探索，在行动研究中改进课堂生态，通过"初步尝试、继续尝试、深度尝试、总结提升"的基本四个步骤，形成以学生为本的"尝试助学"生态课堂基本范式。

（一）研究缘起

2019年《关于深化教育教学改革全面提高义务教育质量的意见》和《潍坊市教育科学研究院基于课程标准的教学改进行动实施方案》【潍教科院字〔2020〕4号】等文件颁布实施后，我校强化实施国家课程方案与课程标准，持续深化教育教学改革创新。新颁布的《义务教育课程方案（2022年版）》明确提出"聚焦核心素养，面向未来"的主张，强调要根据学生终身发展和社会发展需要，加强正确价值观引导，注重必备品格与关键能力的培育。《义务教育语文课程标准（2022年版）》明确了义务教育语文课程培养的核心素养，加快了小学语文课程与教学向核心素养取向转型的步伐。

目前研究现状：

1. 学生学习思维低阶循环

课堂存在的普遍现象是教师为中心的知识灌输及教师以知识、技能为中心的重知识技能、轻学生思维的学习，学生跟着老师走，习惯被动接受知识，

没有独立的思考，甚至丧失自主探究的能力，学科思维训练不足。学生遇到问题就直接询问教师，懒于思考，追求捷径。长此以往就形成了惰性思维，阻碍思维能力的发展，恶性循环。这种强烈的依赖性，忽视学生的个性思维发展，使学生的主体性不强，不够突出，甚至陷入思维盲区，造成思维断层。

2. 教师主体性过于突出

受以往教学模式的影响，许多教师难以做到课堂上以学生为主体。教师习惯把持课堂，遵循一定的程序模式按自己的思路或知识逻辑进行教学。老师的注意力集中在自己"教"的内容上，而无暇顾及学生实际"学"的情况，课上机械式地将安排好的内容讲完，以教师的思维代替学生思维，注重对结果知识的获取，忽视了学生的课堂接受能力和教学过程的自主探究。教师与学生交流的机会很少，没有给学生发挥的空间，牵制了学生的思维，使得学生对知识的认识和理解，仅仅停留在表面特征上。

3. 课堂教学"教学评"不一致

课堂教学整体存在的问题是效率不高，教学目标、学习活动和评价不一致。一是教学目标的制定不够科学合理。目标的设计存在"碎片化、随意化、经验化"，偏重于教师的教，没有基于课程标准、基于教材、基于学情等方面去研制；二是学习活动凭经验，没有基于目标去设计。教师没有关注学生课堂学习进程中的发展变化情况，尊重并立足差异，实施助学并推动学生自主进行反思性多元评价；三是评价任务设计缺失。教师重结果、轻过程和方法，轻高阶思维的训练和参与，导致评价结果片面、主观，学生发展的原动力明显不足。

为解决上述问题，引领学生走向主动学习、自主合作探究式学习和深度思维、高阶思维的学习范式。特别是 2019 年潍坊市基于课程标准的教学改进行动项目启动后，我校继续强化实施国家课程方案与课程标准，持续深化教育教学改革创新，以 2022 年版义务教育课程标准的相关要求为视点，开展指向"教—学—评"一体化的"尝试助学"课堂探索。

（二）"尝试"与"助学"的内涵阐释

1. "尝试"的内涵阐释

尝试教学法实验由邱学华创造，从 1980 年开始。由能够持续发展至今，一个重要原因在于抓住了"尝试是学习的本质，符合教育规律"这个根本。什么是尝试教学法？简单来说，就是教师先不进行讲解，而是让学生在已有旧知识的基础上进行尝试练习，然后通过自学课本内容，尝试着自己解决问题，而后再由教师展开讲解的一种教学方法。在这一过程中，教师要给予学生充分的信任，不仅要相信学生能够主动尝试，还要相信学生通过尝试能够取得进步、获得成功。

中华传统教育思想的内涵之一是尝试。尝试教学思想源自《易经》中的"童蒙求我"。早在 2000 多年前，孔子的"不愤不启、不悱不发"的启发教学思想已经闪耀着尝试教学思想的光辉。孟子是我国第一个明确提出"尝试"的教育家，认为"我虽不敏，请尝试之"。我国最早的教学论著作《礼记·学记》中的名言："学然后知不足，教然后知困。知不足，然后能自反也；知困然后能自强。"宋代的朱熹主张学生的最佳学习过程是自己读书，自己思考，反对别人把学习内容领会了再向学生灌输。现代教育家陶行知、叶圣陶等都主张让学生自己去尝试学习。显然，尝试教学思想在我国历史渊源深厚，根植于我们的教育传统与文化血脉中，与我国的教育教学有高度的适配性与契合性。学生只有在尝试中，学科素养才能真正形成。

2. 助学的内涵阐释

"助学法"是由仲广群从 2010 年起创建的一种先进教学法。他提出课堂应该是一个"助学"的场所，我们应该给课堂创造一个合适的"社会环境"，由师生组成一个"学习共同体"，为学生主动建构起新的认知结构，发挥合宜的帮助、促进、催生等作用。其核心是要进行教学价值本位的转移，从知识的获得为基础的价值取向，转变成以人的发展为基础的价值取向。改变课堂教学中教师主宰、控制的意识，改变学生顺从、依附的地位，通过自助、互助、师助等途径，把讲台转变为学生的"舞台"，给教学以生长的力量，让发展学生成为触手可及的教育境界。

"助学法"思想源远流长，在我国古代已萌芽。孔子、孟子都主张不应将"教"作为教学的开端，而应"先研后教"。宋代教育家朱熹也认为："读书是自家读书，为学是自家为学，不干别人一线事，别人助自己不得。"近代教育家们更是重视学生自学，倡导学习要从问题开始。蔡元培说过："我以为好的先生不是教书，不是教学生，乃是教学生学。""助学法"以科学辩证唯物主义认识论为哲学基础，其过程是一个鼓励学生独立探究、合作学习的过程，而独立探究、合作学习既是实践活动，又是认识活动，把实践和认识巧妙地结合、统一起来。在教学中教师助学就是教师协助学生学习，让学生先行探究，对学生而言，具有实践意义，体现了实践第一的思想。

建构主义"学与教"理论强调以学生为中心，要求学生由外部刺激的被动接受者转变为知意义的主动建构者；要求教师由知识的传授者、灌输变为学生主动建构意义的帮助者、促进者。这就要求我们重新设计我们的课堂。

3.概念界定

"尝试助学"生态课堂旨在将"尝试"与"助学"相结合，以学生发展为本，强调学生对知识的尝试发现和对所学知识意义的主动建构，引领学生在尝试、探究、合作中发现问题并解决问题，让他们积极思考，自觉实践，主动质疑，合作探究。学习的同时通过生生互助、师生互助，提升学生学习能力，提高课堂教学效率。

（三）研究目标及创新点

研究目标

1.基于"教—学—评"一体化，探索"尝试助学"教学设计的基本架构。

2.形成"初步尝试、继续尝试、深度尝试、总结提升"的"四步"尝试助学生态课堂基本范式。

创新点

1."尝试助学"生态课堂帮助学生学会学习。它是学生带着学习任务亲自参与丰富、生动的思维活动，经历实践和创新的过程，学生在尝试中不断反思，不断超越，同学和教师针对问题去助学，帮助学生学会学习、促进学生主动发展。

2."尝试助学"生态课堂始终体现生本思想。利用行动研究的方法，放手让学生提出问题、分析问题、研究问题，亲历获取知识的过程，教师根据教学预设关注课堂的生成，及时调整教学策略，形成"学生是主体，教师是主导"的课堂新生态。

（四）研究过程

1.全环节建立"尝试助学"生态课堂建设工作机制

（1）组建研究团队

在校长领导下，学校成立"尝试助学"生态课堂建设工作室，把学校名师、骨干教师吸纳到研究团队，建立以语文教师为核心，以骨干教师为中坚力量，其他教师共同参与的"尝试助学"课堂建设三级工作机制。

（2）调查教学现状

根据对我校师生课堂学习现状的调查和访谈状况，团队成员确定研究方向及思路，调查学生学业情况，学校与各个层面教师建立直接联系，制定课堂建设追踪制度，为提高学生能力、提升课堂效益保驾护航。

2.全层级探索"尝试助学"教学设计基本架构

"尝试助学"课堂是倡导先学后教的。教师在开课时亮出教学目标，辅之以"助学单"让学生课中先学，让教学建立在学生先行探究的基础上，把培养学生的自主学习能力真正落在实处；设计与学生的学情相匹配的教学内容和方式，凸显学生的主体地位，绽放学生个性。在全面推进落实"尝试助学"课堂的过程中，以三件事为抓手：一是依据课程标准、研究教材、基于学生学习情况制定精准适切的学习目标；二是紧扣目标设定评价任务，基于学习目标去思考，研究学生达成目标的序列表现，作为课堂教学活动设计的依据；三是精心设计学习活动，充分考虑学生参与方式和参与度，尽可能让更多的学生去表现。

（1）确立清晰精确的教学目标

教师的教学目标暨学生的学习目标。学习目标规定了我们在课堂上教什么、教到什么程度，也规定了学生学什么，学到什么程度，直接决定着教学的方向，是教学设计的灵魂。高效课堂的高效首先体现在教师教学目标的精准完成和学生学习目标的精准达成。如果目标制订不科学、不合理、不精准，那么高效课堂越高效，则可能与课堂教学的要求与课程标准的要求差距越大，甚至南辕北辙。因此，制订学习目标是"尝试助学"课堂的首要任务。第一，要依据课程标准。首先要认真研读课程标准，将相关条目内容提取关键词语，将课程标准分解细化。学习目标的叙写要参照布鲁姆识记、理解、应用、分析、综合、评价、创新六个层次目标的理论，兼顾知识与技能、过程与方法、情感态度价值观三个维度，达到显性目标和隐性目标的同步实现。第二，要正确看待、使用教材。教材无非是个"例子"，要结合教材的内容，综合教材优缺点，做到"用教材教"。第三，把握好学情，充分考虑学生实际情况，细致分析，研究学生的认知原点，知道带学生"到哪儿"。

（2）设计基于目标的评价任务

评价任务是学生的表现性标准，是学生的具体行动和表现。它是根据分目标进行对应的评价设计，检测学生分目标暨（相应的）知识和能力目标的达成度。明确了学习目标之后，学生是否能够达到，达到的程度如何，是我们始终应该关注的，这就需要对教学进行评价任务的设计。设计教学评价，通常有以下几个方面的考虑：第一，评价任务的设计要指向学习目标。第二，对于学习目标的制定要进行重新审视。第三，评价设计要在循序渐进中不断考量学习目标。需要注意的是，教学的过程同时也应该是一个循序渐进的评价过程。首先，教学评价除了课堂结束后才发生的终结性评价，更多的应是"嵌"在课堂教学之中过程性评价；其次，评价问题的设计应该梯次有度，疑点难点处要给学生搭支架、架梯子，关键处应注明方法、步骤。

（3）规划基于评价的学习过程

组织实施学习活动的过程即是对学习目标落实的过程，学生的学习过程中要重新审视学习目标是否可测、可评，是否精准。这一环节最关键的问题有三个：一是自始之终把目标当作一节课的灵魂，教学的关键行为都应指向目标的达成；二是把教学的过程当作评价的过程，不断了解学生学到了什么，不断做出后续基于目标的教学决策；三是处理好预设与生成的问题，教师要以生为本，让学生站在课堂的中央。学习的关键行为要指向目标的达成，边教边评，关注学习活动中的预设与生成。这需要高度驾驭文本与学情，进行具体的教学活动，形成"教—学—评"一体化的教学模式。

（4）设计以生为本的助学单

助学单是尝试助学生态课堂的一个重要抓手，能引领学生学会探究，学会合作。助学单重点呈现学习目标和学习内容，可分为助学单一和助学单二。助学单一是学生预习成果的展示和交流，在初步尝试环节完成。它倡导"以学为主"，根据目标设计学生自主的尝试活动，发现问题，获得发展。助学单一的活动任务可以在课的起始也可以放在课前由学生自己独立完成，根据目标可设计出包括复习旧知、导入新课、新旧衔接等若干个学生的尝试性活动。助学单二倡导"以学定教"，力用在关键处、重心处，引领学生通过自主学习、生助、师助等活动解决尝试学习中发现的问题，是学生对重难点问题的综合性、延伸性巩固及问题的综合解决尝试。在助学单二的最后设有总结提升环节，引导学生对自主或者合作学习时的体验和收获进行梳理总结、交流反思，便于自我发现及发展。

尝试助学与"教—学—评"一体化

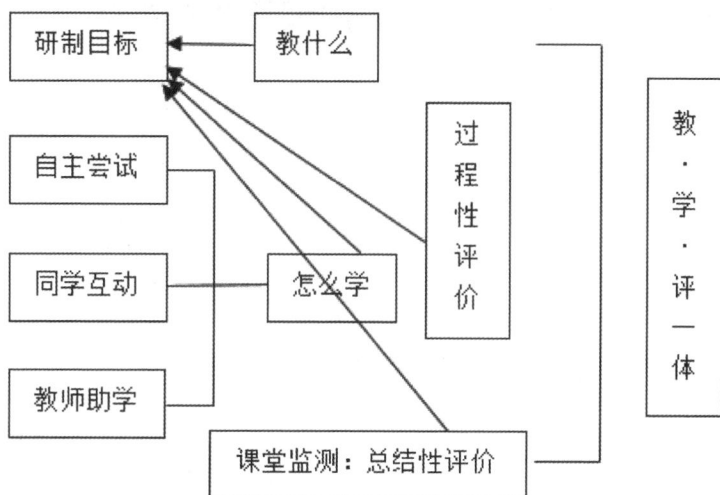

整节课先进行目标研制也就是教什么，然后进行评价任务的设计，学生自主尝试、同学互助、教师助学的过程是怎么学的过程，过程性评价嵌入学习活动，课堂结束前进行总结性评价，达成"教—学—评"的一体化，可以用下面的思维导图呈现他们之间的关系。

3.全视角形成"尝试助学"生态课堂基本范式

基于"教—学—评"一体化的课堂教学改进，为引领学生走向主动学习、自主合作探究式学习和深度思维、高阶思维，形成"尝试助学"课堂基本范式：初步尝试（自我构建与关联新旧知识、同学互助）—继续尝试（解决问题中发现问题、教师助学）—深度尝试（把握变式并解决、教师讲解尝试答疑、小组助学、同伴助学）—总结提升（梳理总结、交流心得）。学生在初步尝试中体验树立新旧知识间需要瞻前顾后的桥梁意识，继续尝试中体验探索新问题的艰难和快乐，深度尝试中学会举一反三的方法，总结提升中体验与同学交流的价值，促进学生核心素养的提升。如下图所示：

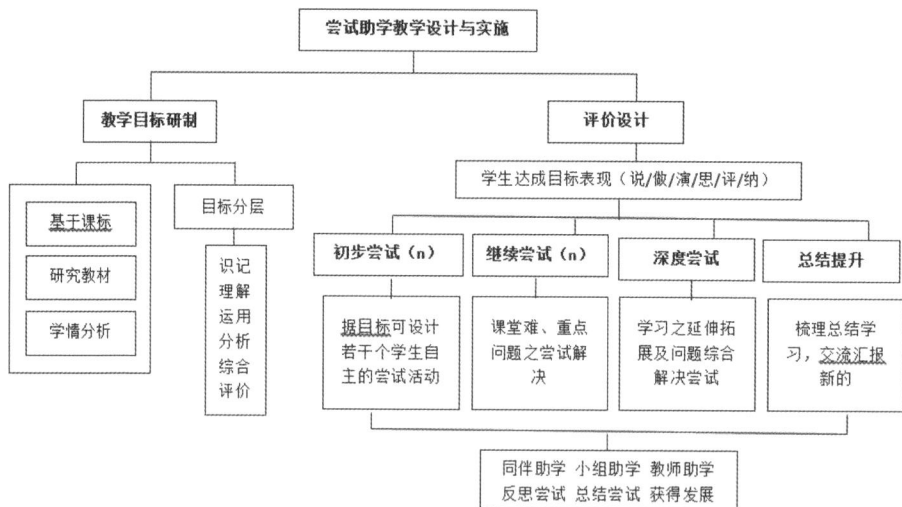

这里以统编本小学语文六年级下册第三单元第9课《那个星期天》为例，根据"尝试助学"课堂基本范式，谈谈本节课的学习步骤。

（1）初步尝试

这个环节的设计可由教师提出问题，学生自主解决，重点是让学生通过已有的知识解决可能与新的学习任务有关联的问题，让学生既关注已有的相关知识和技能，又能引向学习的新领域新任务，让学生自主建设一座通向未知的新"桥梁"，引领学生进入问题情境中，激发学生的学习探究兴趣，激活学生的思维。

这个环节我们设计学习活动一：回顾预习，在整体把握文章内容的基础上梳理"我"心情的变化。学生通过回顾旧知，能整体感知课文主要内容，理清篇章结构（把握文章主要内容是本学段的常规性目标）。在此基础上借助表格梳理"我"的心情变化。本活动检测学习目标1：默读课文，在概括文章主要内容的基础上，梳理"我"心情变化的过程，感受细腻真挚的情感。

（2）继续尝试

继续尝试学习任务的设计，可以由教师根据课堂情况提供，也可以由学生自主创新提出。继续尝试的学习内容和任务的主要特点可比如为"登山的过程"，需要学生失败，需要学生找出原因，需要学生能够纠正错误。学生完成学习任务的"继续尝试"过程，是一种体验和历练，是一种反思与调整，让学生在尝试中练习，在尝试中成功不断提高学生的自主学习能力。这个过程既需要同伴助学，在学生充分展示自己学习成果的基础上，通过提问、补充、质疑，辩论等形式，实现同伴间的合作学习，也需要教师助学，在关键处拉学生一把。顺接初步尝试环节的学习活动，这个环节我们设计两个学习活动。

活动二：默读课文第4自然段，借助课本47页插图，圈画出"我"在这段时光里做的事情，感受"我"的心情并做好批注。学生首先根据任务要求及评价标准阅读课文，圈点勾画重点词句，进行批注阅读。然后班内交流学习成果，根据评价标准，进行互评。同时教师对学生在学习中仍有困惑的问题进行精讲点拨，引领聚焦重点词句，读悟结合，深入理解文本，体会感情，提炼"融情于事"的表达方法。本活动检测学习目标2：借助圈画、批注关键词句，学习作者运用具体事例、内心独白、景物描写表达情感的方法。

活动三：默读课文，圈画关键语句，借助插图，梳理"我"的心情变化，体会作者是如何表达自己的情感的，并有感情地朗读。学生首先继续根据任务要求及评价标准阅读课文，圈点勾画重点词句，进行批注阅读。其次组内交流，人人参与，有序分享，达成共识，记录困惑。然后班内交流学习成果，根据评价标准，进行互评。本交流环节，教师进行精讲点拨引领学生聚焦重点词句，读悟结合，深入理解文本，体会感情，巧妙地感悟"融情于人"和"融情于景"两种表达方法。

此环节的两处学习活动，都是检测学习目标2：借助圈画、批注关键词句，学习作者运用具体事例、内心独白、景物描写表达情感的方法。

（3）深度尝试

深度尝试倡导"任务驱动"，是学生对重难点问题的综合性、延伸性巩固及问题的综合解决的尝试学习，是学生在继续尝试内容完成的基础上，进行更深一步内容的探究和学习。这个环节继续发挥学生的主体作用，用"助学单"引路，充分调动学生学习的主动性和积极性，以合作为主，重视同伴间的展示、交流与沟通，倡导学生进行生成性合作学习，将质疑、反驳、争辩嵌入学生的合作之中，让他们的观点彼此碰撞、相互激荡，不断激起创新的浪花，课堂从预设走向生成。然后，教师"以学定教"，把力用在关键处、重心处，针对学生感到困难的地方和教材的关键之处，教师进行点拨、重点讲解，也就是"师助"，引领学生去"织网""爬高"，在培养学生的高级思维能力上下功夫。

这个环节我们设计学习活动四：回顾《匆匆》，比较《匆匆》和《那个星期天》在情感表达方式上的异同，并进行融情于景的小练笔。本环节意在结合本课人文主题或语文要素，进行类文拓展阅读。学生运用本课所学方法阅读文章，完成任务，总结写法后根据学习收获进行练笔，学以致用，并在交流展示中不断向着目标学习，主动追求学习成果，进一步落实语文要素。本活动检测学习目标3：通过对比阅读，比较本课与《匆匆》在情感表达方式上的异同，尝试运用在一定的情境中，把情感融入具体景物的方法写几句话。

（4）总结提升

学生对自主或者合作学习时的体验和收获进行梳理和总结，便于自我发现、自我感悟及自我提升。通过完成总结提升部分的学习任务，能够及时对本节课知识进行总结反思，同时可在完成新的学习任务的基础上进行更广的拓展和更远的延伸，实现"天同任鸟飞，海阔凭鱼跃"的学习佳境。

这个环节可由教师引领学生总结本节课的收获，一是主题内容方面的收获，二是学习方法方面的收获。教师相机总结引领学生回扣学习目标，反思个体达标情况。

整个课堂中，以新课标理念为指导，以学习目标引领，评价任务嵌入教学活动，实现"教—学—评"一体化，全面提升学生核心素养。我们可以用下表呈现本节课各学习环节的学习目标、评价任务、学习活动各部分之间的联系。

学习环节	学习目标	评价任务	学习活动
初步尝试	1.默读课文，在概括文章主要内容的基础上，梳理"我"心情变化的过程，感受细腻真挚的情感。	1.在整体把握文章主要内容及表达顺序的基础上，借助表格提示，梳理"我"心情变化的大致过程。	活动一：回顾预习，在整体把握文章内容的基础上梳理"我"心情的变化。
继续尝试	2.借助插图，圈画、批注关键词句，学习作者运用具体事例、内心独白、景物描写表达情感的方法	能借助关键词句和插图，学习作者运用具体事例表达情感的方法。	活动二：默读课文第4自然段，借助课本47页插图，圈画出"我"在这段时光里做的事情，感受"我"的心情并做好批注。
		3.能通过小组合作、自学品读等学习方式，感悟作者通过内心独白、景物描写表达情感的方法。	活动三：默读课文，圈画关键语句，借助插图，梳理"我"的心情变化，体会作者是如何表达自己的情感的，并有感情地朗读。
深度尝试	3.通过对比阅读，比较本课与《匆匆》在情感表达方式上的异同，尝试运用在一定的情境中，把情感融入具体景物的方法写几句话。	4.结合课后第三题和"交流平台"，比较本课和《匆匆》在情感表达方式上的异同。选择具体情境，就心情"好"与"不好"两种状态进行练笔。	活动四：回顾《匆匆》，比较《匆匆》和《那个星期天》在情感表达方式上的异同，并进行融情于景的小练笔。
总结提升	总结收获，反思不足。		

（五）"尝试助学"生态课堂实践价值

1.打造尝试助学课堂，发展学生高阶思维

尝试助学课堂让学生通过自主实践、主动思考、积极探究等方式解决旧问题、发现新问题，不断收获新知。在学生尝试的基础上，教师看到存在的问题并调整教学思路，让教学过程变成生态课堂。我们的教学不是按照既有的设计好的路子走，而是按照课堂当中出现的新问题新办法随时调整，让分析、综合、评价等高阶思维参与课堂学习，让学生对学习的核心问题能够在课堂上不断进行分析归纳、反思评价，得出自己的学习心得，学习力和创新力的培养落地生根。

2.重构生本高效课堂，突出学生主体地位

区别于传统课堂盯着"知识"来设计教学，"尝试助学"依据学生的发展重构课堂，它对接受、启发、探究等不同学习方式进行了综合运用，并在"教什么"与"怎么教"两者之间找到了平衡。从教育学来讲既没有忽视教师的主体地位，又突出了学生的主体地位。它对学习者的角色进行了重新设计，让学生一开始进入课堂就是一个参与者、尝试者。教师是课堂的组织者、引领者、协助者，帮助学生学习、提升学生学习、引领学生学习。

3.形成互助生态课堂，提升学生核心素养

"尝试助学"生态课堂重视教学活动实施前期的评价导引与设计，解决学生被动接受、简单机械学习的问题。学生在相互辩论、集体协商、合作交流、师生互助的氛围中进行尝试，是从内部结构入手进行课堂教学的根本性变革，为素养的培育铺设了四个台阶，让教师的教和学生的学拾级而上，体现课堂教学评一体的高效性，与发展我国学生核心素养的时代诉求具有一致性，在学生的必备品格、关键能力、正确价值观的形成等方面，都发挥着重要作用。

（六）问题与展望

1.存在的问题

（1）课改理念理解不透

部分教师教学水平和能力已经进入高原状态，出现了职业倦怠感，学习

态度欠积极主动。时常有惰性思想，用陈旧的思想应对课堂。对于新课堂学习的意识不够，穿着新鞋走老路。

（2）课堂教学效益不高

教师对教学中的重难点问题研究不够。对课程标准的研究不够深入，但从课本和教材入手，没有提升到教课程的理念和高度。课堂上只见树木，不见森林，在提升学生的高阶思维上下功夫不够。

（3）教学教研能力不足

教师虽进行了一系列的培训学习，但是对指向教学评一致性的课堂探究还处于浅层次状态。对教学工作的概括总结能力不足，有实践智慧，无理论高度和深度，缺乏系统性理论学习，缺乏对丰富实践的提纲性总结能力。

1. 努力的方向

（1）教学管理

一是精心备课。从新课程理念出发，抓牢教学要素，自己先弄明白"教什么"，再以学定教进行教学设计，在落实学生主体学习地位和合作学习上下功夫。二是用心上课。先让学生明确"学什么"，再引领学生"怎么学"。

（2）课堂教学

以"三课"为抓手，即课标、课程（国家课程、校本课程）、课堂。一是从课标走向课堂，从理论走向实践。二是让新课标理念落地，以教材为载体，学科课程立足学生的核心素养发展，充分发挥学科育人功能。三是以学历案为依托，将学历案和尝试助学、助学单结合起来，提升单元整体教学质量。

（3）教学科研

在课堂实践的基础上，将教学工作中的收获、问题及思考及时进行系统的概括总结，对指向教学评一致性的课堂进行深度学习。既要有实践智慧和经验，又要有理论高度和深度，形成自己的研究课题，丰富教学实践。

"尝试助学"生态课堂的建设与实施是基础教育教学改革的初步尝试，取得了一定成效，但还有许多未知的领域需要我们继续尝试、深入尝试，以期让学生的综合素养得到更高的提升。

六、整合资源优势　构建完整体系——小学语文单元整体教学的思考与探索

【题记】近年来，"单元整体"一词已逐渐走进语文教学领域，"单元整体教学"在发展过程中逐渐确立在语文教学中的重要地位，越来越受到语文教师的重视。在新课程改革的背景下，语文教育需要回归到关于"人的整体性发展"的本质和初衷上来。对于此，基于学校教学实际，我想就个人的一些思考与实践跟大家做一下交流。

（一）为什么要进行单元整体教学

1. 中高学段的学生学习程度参差不齐，自主学习能力差，缺乏课外阅读习惯，语文实践参与不足。

2. 多年来，传统的单篇教学费时、低效，教师对教学目标、教学设计、教学过程与训练都以独立单篇为立足点，学生对语文知识的学习是零星、杂乱的，制约了学生语文素养的提高。

2. 当前课堂教学效率低，"串讲串读"，"满堂灌"等现象较突出，教学缺乏整体性和系统性，以至于"篇"和"组"严重脱节。学生被动接受，学习能力与学习效率不高。

3. 教研组教研活动实效性低，教研主题表面化。单元的实施，单元训练重点的把握，需要开展的语文实践活动，每篇课文该如何处理，教学中注意些什么，这些都应该是我们备课研讨的主题。单元整体教学将会给我们的教研活动注入生命与活力。

4. 当前语文教材编排特点，避免烦琐，简化头绪，突出重点，加强整合，注重情感态度、知识能力间的联系，致力于学生语文素养的整体提高。每组

教材都有一个明确的主题，围绕单元主题，组织一系列的教学内容和语文实践活动。如果课程标准变了，教材变了，而我们教学的思路没有改变，仍然按照"知识体系单元"的形式一课一课地教，学生一课一课地学，那么课程教材再先进，我们的课堂也是一条腿走路。

学生要全面健康成长，学校要特色长远发展，课堂要高效实效，课堂改革势在必行。

（二）单元整体教学的内涵

1. 单元整体教学的突出特点

单元整体教学最突出的一个特点就是它的整体性。语文教学特点、语文课程标准及教材编排特点要求我们的语文教学要从宏观上思考，要从整体入手，教师要有全局意识，课程意识。要求我们教师要从整体上把握六年的语文教学目标，把握每一学段的教学目标，每一组教材的教学目标。譬如，怎样及早突破识字关，怎样落实自主阅读，怎样培养学习、生活所需的作文能力，乃至怎样建设理想的小学语文课程。单元整体教学充分利用教科书单元编排的长处，立足教材，又超越教科书，跳出一篇课文教学的小圈子，站在提高语文素养、促进学生发展的高度，用整合的理念，探索高效的语文教学。单元整体教学，追求语文课程、教学的本真。

2. 单元整体教学的几个转变

小学语文单元整体教学由单篇教学走向单元教学；由内容分析为主的阅读教学走向以培养学生能力为主的主题活动式教学活动；由只注重教科书走向注重阅读与实践；由重视教师作用走向培养学生自学能力；由教给零散、杂乱的语文知识走向培养学生综合、全面的语文素养；由语文训练面面俱到走向目标简化、重点突破。

3. 单元整体教学的形式

我们要从单元整体上把握教材，处理教材；从单元整体出发，制定整体方案；从整体上进行语文能力的综合训练。从"篇"转移到"单元组"，围绕"单元主题"，引导学生自主建构，并充分融入教师的智慧，将听说读写、综合活动等加以优化整合，除了教学内容的整合以外，还应该注重语文学习方法、学习习惯的整合。内容的整合，有利于集中思维突破重点；方法的整合，有利于学生获得语文学习的经验。整合以后，学生的学习效率提高，在学习应用中获得学习经验，能够使学生逐步学会学习。

（三）单元整体教学流程

我们在教学过程中，要研读课标、教学用书，分析小学语文教材的单元主题编排特点，对有关体现单元主题的内容进行挖掘、分析和归类、梳理整理，整体把握目标、整合教材。以单元主题为依托，把教学的重点从"篇"转移到"单元组"，在整合教科书选文内容、教学活动内容，联系可链接的丰富课外课程资源的基础上，进行"主题阅读"与"主题习作"，积极践行语文教学中单元整体备课、教学的理念与做法。面对学生主体，运用手中教材，整合语文主题学习丛书篇目，从教材到课堂教学操作，从教学到学生语文素养的形成，建立起一个递进、关联的内部逻辑联系，以期提高学生学语文、用语文的语文素养。它是一种适合于小学中、高年级的语文教学模式，单元整体基本教学流程为"单元预习课、字词过关课、略读过关课、阅读教学课、阅读汇报课、主题习作课、单元写字指导课、单元综合性活动课、单元检测课等"部分。

1. 单元预习课

单元整体授课的前提是，学生对整个单元内容进行有质量的整体预习。三年级伊始，可帮扶学生在课内进行。预习内容大致包括两部分：一是总览单元课文，初步感知单元整体内容及每课的主要内容。同时整合工具书或相关资料，引导学生了解单元课文的相关背景资料等。二是自学本单元生字，包括二类字的认读和一类字的书写等。

2. 字词过关课

学生对所预习的整个单元字词进行展示，针对本单元的生字新词（课本后的词语表、词语盘点等）以及本单元的多音字、疑难词等字词方面的知识点进行闯关授课，为学习课文扫除字词方面的障碍，激发学生字词学习的兴趣，培养学生字词识记、理解运用的技能技巧。

3. 略读过关课

学生对所预习的本单元课文内容进行汇报交流，教师作适当引导及点拨。教师可引导学生根据导语给单元内容起个合适的小标题，然后检查每篇课文初读情况，进行概括课文内容、迅速体会理解课文主题的训练。

4. 阅读教学课

对单元内的精读课文或者凸显单元训练点的课文进行精讲精学，可根据课文内容进行适当整合。教师可根据学情、课文内容的不同灵活处理，可整合本单元略读课文，也可整合主体丛书相关课文，在课内、课外同时进行。即阅读指导穿插在阅读课堂教学的课时之内。阅读内容有两个途径，一是对应的语文主题丛书，根据单元授课进度及时跟进布置阅读；二是与本单元主题相关的课外阅读书目或名家名篇（书目来源：中小学阅读能力提升工程推荐书目，教师推荐书目）

5. 阅读汇报课

针对单元主题内容学生对应阅读的主题丛书和向学生推荐相关阅读书目，让学生进行阅读展示及交流。学生可选择自己喜欢的篇目进行一篇课文的主要内容简述和读后感想的交流，也可是对某篇某段落的感情朗读展示。高年级学生可将读写结合训练点、写作方法的体现及指导穿插其中。推荐学生阅读单元主题下的课外文学作品，针对单元语言训练进行重点指导，组织学生交流、展示、汇报。丰富单元主题，培养学生课外阅读的习惯与兴趣。

6. 主题习作课

"主题习作课"分为"习作指导课"和"习作讲评课"两大部分。

"习作指导课"即师生对本单元主题内容进行梳理，归纳文章写作方法，并对本单元主题习作提出具体明确的习作要求，即习作提纲。学生在初学习作阶段，要求学生逐条逐句照着去做，缺一不可，循着这个框架，完成自己的本次习作。

习作讲评课就是在框架习作的基础上再具体的制定出每一条评语的分值，在批阅时，与学生的作文逐条对照，给出恰当合理的分值，最后算出总分，化成等级。由于事先制定了习作的框架和评语，看起来似乎有点呆板，但还有老师的旁批作补充。比如：用词是否贴切、修辞手法的运用、各种描写手法运用等等，而后让学生有针对性地进行二次习作。

7. 单元写字指导课

写字课十分必要。每单元力争上一节写字指导课。写字要工整，随着年级要提高速度。跟随写字课对正字书写进行指导，再次巩固识记生字。写字是应用，书法是艺术，要厚积薄发，不要要求过高。

8. 单元综合性活动课

设计单元主题下的语文实践活动，如创编表演课本剧、讲故事、辩论、资料搜集与整理汇报、读书交流、朗诵等。丰富学生的语文学习，增强语文学习的实践性、趣味性、综合性。

9. 单元检测课

针对单元基础知识与基本技能，设计检测题，采取书面检测与口头检测相结合的形式，当堂检测，当堂讲评。

（四）单元整体教学的建议

1. 整合教学目标

明确本册、本组教材的教学目标并加以整合教学，把小学阶段目标作为一个整体，同时又要关注年段目标、学期目标、单元目标、课堂目标。整合教学内容：根据目标整合教学内容，整本书内容、整个单元内容、语文实践的内容按照主题重新组合、排列，统一在同一主题与目标下。整合教学方式：简化、精致、突出重点，给学生学习空间，培养学生预习、自学、讨论、展示、阅读、写作、口语表达、合作、探究、语文实践等方面的能力，还要特别关注学生生字识记、词语积累、课文朗读、写作方法、总结概括、复述背诵等基础知识与基本技能的专项训练。

2. 加强内部联系

统编本教科书围绕"人文主题"和"语文要素"双线组织单元，加强单元内部的横向联系。从三年级开始，每个单元都设有"导语"，在单元导语中明确语文要素；单元中的某些课文落实语文要素，贯穿方法的学习与运用；在语文园地中安排"交流平台"栏目，进一步强化语文要素、梳理总结，提炼学习方法；某些单元的"词句段运用"和"习作"还引导学生实践运用本单元学习的方法；各部分内容环环相扣，相互配合，形成一个完整的系统。

3. 安排预习

之所以安排预习，是给学生自主学习的空间，让学生凭借自己的能力去学习。学生能自己解决的问题要让学生在课前就解决，从基础上为高效课堂做准备。要明确学生的预习任务，培养学生的预习习惯，通过预习让学生提出有价值的问题，通过预习，提高课堂授课的起点，让师生站在更高的平台上进行交流，给学生更多展示与体验成功的机会。

4. 挖掘教学资源

对于单元内的一篇课文，特别是精读课文。要从单元主题与单元目标出发去处理，可以从多角度挖掘教学资源，比如主题的角度、体裁的角度、表达的角度、语文知识的角度、个人的观点的角度等。在不同的课型中都可以依据目标的不同加以应用，要精讲精练。对于略读课文也要从从单元主题与单元目标出发，删繁就简，把它作为一个实践基地放手给学生，避免"精读""略读"同一要求，同一方法。

5. 设计实践活动

要把课内阅读教学、课外阅读指导、口语交际与单元习作等融合在一起，以课文为例，从课文中学写作的方法与技巧，领悟写作的内涵与真谛。在单元主题下，以课文为引子，将学生带向广阔的阅读空间，设计多种语文实践活动。单元整体教学就是要给学生需要的、有用的东西，其他的一概摒弃，用过去三分之二甚至更少的课时去完成以往的教学内容，余下的时间去进行阅读和语文实践。如主题下的自由阅读，专门的阅读指导，采访、调查、朗诵会、故事会、手抄报、创编、表演、辩论、研究报告各种各样的语文实践活动，都要扎扎实实地去做。

6. 强化集中训练

加强基础知识与基本技能的集中训练，使之系统化，教师要善于从同一主题下的多个文本中挖掘、提炼语文知识，确立训练重点，加以整合，通过序列化、整体化的训练，在课内强化，要根据年级特点安排如竞赛、检测等方法增强学生兴趣与成就感。

7. 学会比较学习

无论教材是以人文主题组织单元，还是以文章体裁组织单元，选入的文章都有一定的共性，也有独特性。单元教学一个重要的教学方法是比较法，可以在整合的基础上比较，也可以引入别的文章进行比较。把共性拿出来比较，容易让学生深入体会人文主题，让学生清晰的了解不同体裁文章的特点。让学生能够对文章结构、作者的语言风格进行比对，容易让学生体会不同文章的表达方式。还要引入同一主题的其他艺术表现形式，如音乐、绘画、雕塑、戏剧等，去领悟主题，树立大语文观。

（五）单元整体教学的注意事项

1. 明确课时目标，逆向设计课程

在单元整体教学中，教师的主导作用至关重要。一直以来，我们的教师像快递员，总是把知识包裹起来给学生寄过去。我们应该简化那些教材要求的学生被动接受的内容，身份要由快递员变为导游。教师首先学习课程标准，研究确立学段目标、年级目标、单元教学目标，然后明确课时教学目标，有一个准确的把握和定位，再在教学目标的引领下创造性地设计课型。从"终点"，即所追求的结果（目标或标准）出发开始设计活动，这种设计思路正是我们现在课程标准时代所提倡的，是基于标准的逆向思考。当把自己置身于一个学段的其中一个年级时，首先能够清楚地知道我要"教什么"，然后再去潜心研究"怎么教"。

2. 单元整体推进，提高学科素养

进行"单元主题教学"，教师应首先正确把握小学语文教材的特点，着眼于学生的整体性、综合性、实践性，清楚各单元教材中可挖掘的有助于学生综合语文素养提升的资源。其次，恰到好处地把握"放"与"扶"的度，在放手让学生自主探究中，更要体现教师引领指导，要学会在大胆开放中创造

性地驾驭课堂。然后，根据主题教学需要，强调课程资源的整合与生成，强调一个时段内语文实践活动的"整体推进"，以求实现学生语文素养的整体提高。

3. 增设传统文化，丰富语言积累

在"能说会写、文以载道"学科宣言旗帜下，以国家课程和主题丛书为主线的基础上，增设文言经典、传统经典和历史成语故事，确定各年级中华传统文化必背篇目，指导学生正确地理解和运用祖国语言，丰富语言的积累，培养语感，发展思维，使他们具有适应实际需要的识字写字能力、阅读能力、写作能力、口语交际能力，立德修身，格物致知，让孩子们扎下中国传统文化之根，在经典中学习、生活，全力培养孩子的语文能力和语文核心素养。

小学语文单元整体教学，是教师依据教材特点和教学实际创造性劳动的产物，是指小学语文教学中以一组教材为单位实施教学的一种教学模式。它需要教师和学生在"主题阅读"与"主题习作"中，不断探索，有效实施，为语文学习开创一片新的天地。

七、遵循语文要素 推进整体教学——以统编语文教材四年级上册为例

随着统编教材的使用，语文教育回归"人的整体性发展"的需求越来越明显。统编语文教材围绕"人文主题"和"语文要素"的双线结构组织单元架构，教师必须以课标为基础分析教材中的单元学习要素，根据单元主题确定单元学习目标，遵循单元整体教学的原理，设计单元教学过程。

（一）确定目标，整体推进

在语文教学中，教师应熟练掌握教材特点，立足学生的整体性、综合性和实践性做教学设计。要从单元导语入手，明确单元的人文主题和语文要素，确定单元学习目标，然后围绕目标设计单元整体教学方案。

以统编语文教材四年级上册第二单元为例，本单元为提问策略单元，语文要素是"阅读时尝试从不同角度去思考，提出自己的问题"，单元内每篇课文又分别有不同的提问要素。比如，《一个豆荚里的五粒豆》重在引领学生根据自己的问题清单提问，学生需明确课文内容，从全文的角度提出问题。《蝙蝠和雷达》重在引领学生明确课文的内容、写法和启示，学生可以从这些方面提问。《呼风唤雨的世纪》重在引领学生提出能够帮助大家理解课文内容、引发大家思考的问题。《蝴蝶的家》则是通过运用从以上课文中学到的提问角度和方法，提出有价值的问题，并尝试把问题进行分类解决。本单元的选文旨在教给学生提问方法，培养学生的问题意识，提升学生的阅读能力。

（二）领悟要素，尝试运用

学习语文的根本目的是要让学生会表达、会运用，正如叶圣陶所说："课

文是例子。"教师在教学中要做到为迁移而教",这才是语文教学的关键之处。

本册教材中,每个单元都有与习作相关的语文要素。具体说来分为两种:一是每单元都有习作,二是有单独的习作单元。比如,第五单元就是专门的习作单元。这个单元的语文要素有:了解作者是怎样把事情写清楚的;写一件事,把事情写清楚。其中第二个语文要素给了我们两个导向:一是按顺序把事情的过程写清楚,二是把一件事的重点写清楚。这个单元的编排体例与普通单元不同,先安排两篇精读课文,其次是"交流平台"和"初试身手",然后是两篇习作例文,最后是单元习作。通过这几个板块,形成习作单元的完整结构:导语(点明语文要素)—精读课文(学习表达方法)—交流平台(梳理总结表达方法)—初试身手(初步尝试运用表达方法)—习作例文(进一步感悟、积累经验)—单元习作(呈现本单元的学习成果)。

(三)整合内容,梯度推进

教材中的每个语文要素,都与课文内容有一定的相关性。教师要根据主题教学的需要,注重课程资源的整合与生成,确保一个时段内语文教学活动的"整体推进",以期实现学生语文素养的整体提升。比如,本册第四单元的语文要素是"了解故事的起因、经过、结果,学习把握文章的主要内容";第五单元的语文要素是"了解作者是怎样把事情写清楚的";第七单元的语文要素是"关注主要人物和事件,学习把握文章的主要内容"。这三个单元的语文要素有一个共同点:把握文章的主要内容。要做好这一点,需要教师引导学生从文中的某一件事情入手,循序渐进地学习。

这一点在语文学习的复习阶段尤为适用。本册第四单元的人文主题是神话故事,具备了事情的三要素:起因、经过和结果。比如《盘古开天地》一课,天地没有分开、宇宙混沌一片是原因,盘古开天辟地的过程是经过,盘古创造了宇宙是结果。第五单元的语文要素是"了解作者是怎样把事情写具体的"。教学、复习时可再以《盘古开天地》一课为例,让学生明白作者是通过写盘古开天地的经过把事情写具体。同时,这一课的题目还提示了第七单元的语文要素:关注主要人物和事件。这样一来,二个单元的语文要素就被一篇课文串联起来了。

总之，在进行单元整体教学设计时，要考虑诸多因素，如领会编者意图，引导学生明确单元生题和要达成的学习目标；思考怎样创新教学方法，将听说读写、综合活动等加以优化整合，以获取语文教学整体综合的效应等。在统编小学语文教材在全国范围内统一使用的大背景下，小学语文教师更应积极把握教材的编写理念，及时关注新的教学趋势，灵活调整教学活动，恰当地进行单元主题整体教学，以期在有效落实正确的教学目标的同时，切实推动学生语文核心素养的发展。

（本文发表于《语言文字报》2020 年第 1435 期）

八、打造学思结合的课堂——以《铺满金色巴掌的水泥道》为例

基于课程标准和大单元的教学理念，教师要想实现教学评一致的目标，就必须尝试新的教学方法，让学生在课堂中发展自主探究、团结协作的精神和发现、提出、分析并解决问题的能力。教师可以通过四个步骤打造学思结合的语文课堂，让学生在课堂学习中充分思考、收获新知。笔者以三年级上册《铺满金色巴掌的水泥道》为例，谈谈具体做法。

第一步：识读。这一环节以学生自学为主。学生通过完成助学单，初步了解课文，解决疑问。助学单需要学生做到以下四点：一是自主识记生字并注音；二是把词语写正确；三是谈谈自己的发现，并完成如下填空："读了课文，我想到了这样一幅画：（　　）时节，'我'在上学的路上，发现铺满（　　）的（　　）真美。课文中最能体现'铺满金色巴掌的水泥道'特点的一句话是（　　）。"四是能正确、流利地朗读课文，并抄写喜欢的句子。这一环节中，学生运用以前学过的加一加、减一减、加偏旁、去偏旁、换偏旁等识字方法，在笔者引导下归类识字，给生字标上了正确的读音，并在田字格中规范地书写了词语。在扫清字词障碍的基础上，学生再用"读句子，想画面"的方法通读课文，根据提示，将关键词语补充完整，并找出最能体现水泥道特点的句子，即"门前的水泥道真美啊！"。最后，学生再次通读课文，读得准确、流利，并抄写自己喜欢的句子。

第二步：讨论。这一环节倡导"以学定教"，以小组学习为主。笔者根据"组间同质、组内异质、同质结对、异质帮扶"的原则，成立了学习小组。笔者在这一环节设计了两个学习活动。一是自读第1~4自然段，圈出"我"在上学时看到的景象，然后进行小组交流，归纳总结句子中加点词语的理解方

法；二是默读课文第 5~7 自然段。画出难以理解的词语，试着用前面学到的方法来理解。在小组交流中，组员集思广益，通过联系上下文、联系生活实际等方法解决了疑问，还学到了很多字词学习方法，并能够学以致用，为后续学习打下基础。

第三步：延伸。这一环节通过"任务驱动"，帮助学生对重难点问题形成综合性、延伸性解决方案。这一环节可以将小组助学和教师助学相结合。笔者给学生设计了两个引导问题。一是默读"阅读链接"《自报家门》片段，比较阅读并思考：同样是写上学、放学路上看到的景物，它们在写法上有何异同？二是学生读完《自报家门》片段后，分小组讨论，他们认为二者的相同点是描写了路上看到的景物；不同点在于《铺满金色巴掌的水泥道》写的是"水泥道"这一个地方的景物，而《自报家门》中写的是放学路上不同地点的不同景物。如此，学生通过合作探究，学会了描写景物的不同方法。笔者趁着学生的兴致正酣，让他们将这些方法运用到自己的小练笔中，写一写上学路上看到的景色。

第四步：反思。这一环节旨在让学生谈谈这节课的收获和反思。有学生梳理了自己在这节课中学到的理解词语的方法，如联系上下文、联系生活实际、查工具书、找近义词和反义词等；有学生反思了自己的不足之处，如不会归纳理解词语的方法、学习时注意力还不够集中等。小学生的反思虽然较浅，但非常有意义，是锻炼其理性思维的重要方法。

（本文发表于《语言文字报》2021 年第 1489 期）

九、深化学业述评，致力质量提升

中共中央、国务院《深化新时代教育评价改革总体方案》明确提出开展学生"学业述评"的概念和要求，这对当前以绝笔测试为主要手段的质量测评提出了新的改革方向和要求。以学生的学业述评为切入点，对学生的学业质量进行全方位的过程性记述评价，从而全面提升育人质量，已经成为一种新的以评价促进学生发展提升的重要教育举措和有效路径。为让学生学业述评科学引导学生全面发展，充分发挥以学生评价提升教学质量的作用，利用学业等级评价和描述性评价，记录学生的核心素养是否落实，激发学生发展的内驱力，使学生得到全面而富有个性的发展，真正把学生的学业述评改革落到实处。近年来，我们围绕学生的学业述评，进行了一系列的课程改进工作。

（一）明确各学科的学习目标和评价方法

各学科、年级组先基于课程标准制定学习目标，并将学习目标转变成一个个学生可以参与的学习任务，可以按单元整理，也可以按课时设计。基于课标的学习任务设计主要是确保教学的方向和学生学业质量的全面性，防止学习偏向于某一方面。每学期，各学科教师都要先上一节学习引领课，让学生知道怎么学习，怎么完成学习任务，教给其学习方法和策略。先期向学生公示学习评价表，每个学生根据教师的评价表，整理出自己的评价表，方便记录自己的学习过程。下表以语文学科为例。

（二）档案式评价及记录贯穿学生课堂学习全过程

所谓"两表"，一是指 1-6 年级学科内容一览表，让学生宏观把握学科学习内容；二是单元学习内容、任务一览表，让学生明确具体的学习任务，并提前规划学习方法和策略。

5.5学生素养提升过程记录								年 月 日-		年 月 日
姓名	班级公约	字词	阅读	习作	口语交际	实践活动	自主项目	总评		
	一二三四五六日	一二三四五六日	一二三四五六日	一二三四五六日	一二三四五六日	一二三四五六日	一二三四五六日			
陈静瑶										
崔峻睿										
冯怡轩										

"两册"是指两个评价手册，一是学科教师用的班级评价手册，二是用于学生自我记录自我督促的个人评价手册。两个评价手册均以学科核心素养为标准，把课内与课外分别评价。各学科均重视课外综合实践和自主项目的开发评价，课内评价如：语文从"字词、阅读、习作、口语交际、综合性学习"等方面，数学从"口算、计算、思维训练、解决问题"等方面，英语从"听力、口语、阅读、应用写作、日常对话"等方面，道德与法治学科从"爱国爱人、孝长敬亲、积极认真、遵纪守信"等方面，科学学科从"科学知识、科学探究、科学态度、科学实验"等方面，音乐学科从"律动、节奏、读谱视唱、音乐理论、音乐赏析"等方面，体育学科从"出勤率、体育知识、运动能力、合作能力"等方面，美术学科从"构图造型、线条色彩、设计应用、美术欣赏"等方面，信息技术从"打字、绘图、编程、设计"等方面，分别评价。有了评价手册，教师教有所依，学生学有目标，尤其是学生的自我评价，更能激发学生内在的主动性。

1-6年级语文素养与学生创新素养培育体系训练点

年级	单元	人文主题	语文要素		学段融合点	素养创新点
			阅读要素	习作要素（一二年级为写话要素）		
一上	一	我爱学识字	学习韵母识字、看图识字、象形识字等识字方法。认识田字格，按照笔顺规则正确书写汉字。了解课外阅读法人途径和方法。	练习看图说词。	1.语文的各个学段的训练是由浅入深、梯度螺旋式上升的，虽然一二年级没有明确的阅读和写话训练点，但是根据人文主题内容及课文后面的练习题的倾向性，一至六年级相应的语文要素和点，笔者设计了一二年级的阅读与话、写话要素训练点，也要有个于课内语文核心素养及创新能力的培养在每个课程里入手了要描的的 音量的力了，语文教师要充分利用课程资源，创新的使用教材，让语文素养训练更有效提升学生的语文素养。所以说课的创新必须先行于学生的创新。	语文的四大核心素养是： 1.语言建构与运用 2.思维发展与提升 3.审美鉴赏与创造 4.文化传承与理解 　小学语文引导学生学习识字起步，一个一个的汉字再到词句、文章，到学习看图识词，到看图造句，到描图写字，到欣赏并识字生活中的人、景、物、事，再到学会想象、学会表达、学会想象、学会推理，语言结构一步步形成，思维逐步发到发展和提升。 　小学语文中提升对美的感受力，在阅读中汲取人类的文化，还愈都是语文学科具有特色的地方。 　为了更好地培养学生的语文素养，语文可以与多个学科融合，让语文的素养训练更有创新点。 　如古诗词的学习，有了旋律与舞蹈的融入，会让古诗更吟诵，可更有韵律，在朗读美文时，背景音乐更能烘托气氛和情绪，
	二	快乐学拼音	正确认读声母、韵母、整体认读音节，学习拼读音节。	从课外读物中，找出带有声母、韵母、整体认读音节的字词，继续练习看图说词。		
	三	快乐学拼音	正确认读声韵母、鼻韵母、整体认读音节。学习拼读音节。	从课外读物中，找出带有声韵母、鼻韵母、整体认读音节的字词，继续练习看图说词。		
	四	认识大自然	用普通话朗读，读准字音，读读读"一字"不同的读音。积累与拓展最爱的短语。初步认识自然界段。	用带有昜音的短语讲话，并尝试着写下来，不会写的字用拼音代替。		
	五	婉约汉字美	根据已有生活经验，借助会意字、归类、分类等方法学会识字。积累反义词和量词短语。	用反义词和量词组说说话，并尝试着写下来，不会写的字用拼音代替。		
	六	想象创插图	把课文读正确、读通顺。重点读好问句的形、读、读。读疑问句和数词句，读好不同角色的对话。初步建立句子的概念，认识逗号、句号、学会数句子。	会问句并会回答。		
	七	多彩的生活	正确、流利地朗读课文，初步尝试找出课文中音，了解大意实际，联系生活实际，理解课文读音，学习"的"字短语的合理搭配。	积累"的"字短语，会写一句或几句话。		
	八	生活中的故事	初步培养学生寻找相关信息的能力，借助画一圈、画一画的方法，从课文中提取相关的信息，借助图画阅读课文。	圈画写话，不会写的字用拼音代替。	2.一上的一二三五单元与	

（三）课外学习任务或自主拓展内容纳入学业评价

1. 校本课程的学习内容纳入学生学业述评

校本课程建设是对国家课程体系的补充和完善，我们把校本课程的建设与实施任务落实到相应学科和教师，学生对校本课程内容的学习同样纳入学生的学业述评。如我们学校的"中华文化习养课程"中的"经典诵读"是由语文、道德与法治学科负责，那么学生这方面的学习就纳入这两个学科的学业述评中去；"古诗吟唱"是同音乐学科负责，那么就相应在音乐学科和学业述评中加入相应的内容。

2. 学生自主学习的内容以奖励的形式纳入相应学科的学业述评

学生课外的自主学习也是课堂学习的一个延伸，是不可或缺的，学生凭自己的兴趣学习的部分内容，学校也予以鼓励，以奖励学分等形式纳入学业述评，以此引领学生主动学习、主动拓展。以语文为例，在对学生的自主学习或拓展知识具体评价时，可以从读书、交流、诵读、习作等方面展开。从学生学业水平、学习兴趣与动机、学习习惯、课业负担等构建起完整的学业质量评价体系，并以此深入剖析每个学生的学习动机、学习水平、学习态度和学习状况，努力用立体、多元、综合的学业述评，全面考查了学生综合运用能力，有效弥补了传统评价中纸笔检测的不足和单一，提供给学生全方位的立体评价，促进学生自我成长。

（四）学期综述表彰先进鼓励后进

1. 以多元方式评价引领学生自主评价

自主评价激发自主发展动力，期末学业综合述评分学生自评、小组评价、任课教师、家长评价四个维度进行，目的是让学生在交流中学会自主评价，自我反思，明确下一步学习态度、方法策略、措施，逐步提高自主学习效果。

2. 交流学习心得实现经验共享

在期末，由每个学科教师均牵头学生的学科学习心得交流，所有学生都参与，一是要分享成功经验，二是总结失败教训，三是要交流下一步的措施办法，要求都要交流出具体的案例。通过学业述评不断的反思、总结，学生就会很快找到适合自己的学习方法，提高学习效率，养成良好的学习习惯，保障了进一步的自主学习。

3.先进后进平等交流

学业述中活动中的学生交流，不分优劣，各人自讲自的段点、缺点，平等交流，消除歧视，让每一个学生都有一种在儒术自己的故事的同时实现了自我认识和发展，不仅让老师对学生更加了解，也让学生对自己有了一个系统的认识，较全面地掌握了解自己的整个学习过程，便会自发、自觉地投身学习，自己对自己负责，学习的主动性会大大增强。

教育的目的已不再是单纯地教给学生各类学科知识，更重要的是如何教会他们自主学习，让学生在教师的引领下，掌握学习的主动权，养成自主学习的习惯，实现自我发展。以学业述评的方式对学生进行档案袋式的综合记录就是在教师引领下进行的一种学生自我管束、自我操纵、积极主动的学习方式，它强调学生的主体性，强调学生是学习的主人，提高学生学习的自我调控能力，促进主动探索的精神，实现真正意义的自主学习。

十、小学语文阅读课程化实施的研究与实践——以山东省昌乐附属小学阅读课程体系构建为例

阅读是借助语言文字获取信息、认识世界、发展思维，并获得审美体验与知识的活动。语文阅读是借助文本内容，运用多种方式，进行多元评价，激发读书兴趣，养成读书习惯，提升素养和能力的活动过程。课程化是将理论教学与实践学习合为一体的系统化学习体系，是集阅读目标、阅读内容、阅读实施、阅读评价于一体的综合性资源体系。

（一）关于阅读课程的认识基础

南宋理学家朱熹曾言"读书三到，谓心到、眼到、口到"；近代教育家陶行知把书分为"吃的书"和"用的书"；华中师范大学教科院夏家发老师提出"阅读教学实施建议"；美国的《全国阅读评估计划》对于学生的阅读兴趣、阅读能力、阅读习惯等方面展开了大量的研究；德国整个社会从学校到家庭都鼓励孩子阅读；英国、俄罗斯等许多国家也开展了不同程度的国民阅读状况调查与评估。

古今中外阅读状况表明，各国在一定程度上都存在着阅读兴趣、阅读率、阅读水平等方面的阅读危机，具体的阅读内容、实施策略和评价机制还需进一步的研究与实践。《义务教育语文课程标准（2022年版）》对小学生语文阅读方面的学习目标和内容，分学段提出了具体要求和评价建议。我校在对《课程标准》进行精细化学习的基础上，对学生的阅读情况进行调查研究并整理存在的问题，从阅读的目标、内容、实施及评价等方面进行进一步研究与实践，建立与现行教材和学生实际需求相匹配的阅读课程，将阅读教学及评价由课

内延伸至课外，及时便捷地指导阅读教学，培养小学生语文阅读能力。

（二）阅读课程的体系构建

1. 思路构建

为了更好地实施小学语文阅读课程，学校首先基于课程标准和教材分析，通过对学生阅读情况进行多角度调查和访谈，了解当前小学阅读课程化研究领域的现状；其次，依据《课程标准》和统编本教材，基于学生学期情况确定课内外阅读相统一的课程总目标，确定各学段、各年级小学语文阅读课程分目标；第三，按照必读、选读内容及听读、诵读方式四位一体对课内外阅读内容进行规划，依据学生特点，借助中华优秀传统文化和现当代优秀书籍，整理出各学段、各年级小学生语文阅读经典篇目；第四，有效利用课内外阅读资源，实施小学语文阅读课程策略，实现学生课内阅读与课外阅读双线并轨；第五，充分利用家校资源、社会资源，运用学业述评和积分制管理，进行阅读的有效评价与反馈，形成小学语文阅读课程评价机制；最后，通过查看过程性材料、访谈问卷、测试等形式了解研究的成效。

2. 目标构建

（1）构建小学语文阅读课程目标体系

学校围绕小学生语文核心素养的形成与发展，依据《课程标准》，以现行小学语文统编本 1-12 册教材为依托，基于各学段各年级的学情，将阅读目标落实分解到十二个学期，分学段、年级研制相应的阅读数量目标、质量目标、技能方法目标、兴趣目标、情感目标、价值目标、德育目标等，分阶构建阅读课程目标体系，指导课内外阅读同步并行。

（2）规划小学语文阅读课程内容体系

聚焦阅读目标，把各年级教材、主题学习丛书、整本书阅读书目、中华优秀传统文化、"潍坊市中小学阅读能力提升工程"书目库精选书目，与多学科进行融合，分学期进行阅读课程资源整合，归类梳理阅读内容，确定小学语文阅读内容，完成阅读课程内容的建设。

（3）拓展小学语文阅读课程实施体系

校内设置阅读指导课，进行朗诵、吟唱等方法技能的指导，将语文学科与道德与法治、音乐、体育等学科内容进行整合，通过经典诵读、古诗吟唱、韵律操表演等方式，将课程目标落到实处。引入图书馆、科技馆、革命基地等社会资源，拓展阅读空间，在实践中落实德育目标。

（4）探索小学语文阅读课程评价体系

通过记录阅读行为的学业述评和家校沟通等方式，及时反馈学生阅读情况，在班级、年级、学校等层面进行展示评价、延伸评价、案例评价。在推进过程中，循序渐进，以点带面，既有共性要求，又兼顾个性展示，让不同层次的学生得到最优发展。

3. 总体框架

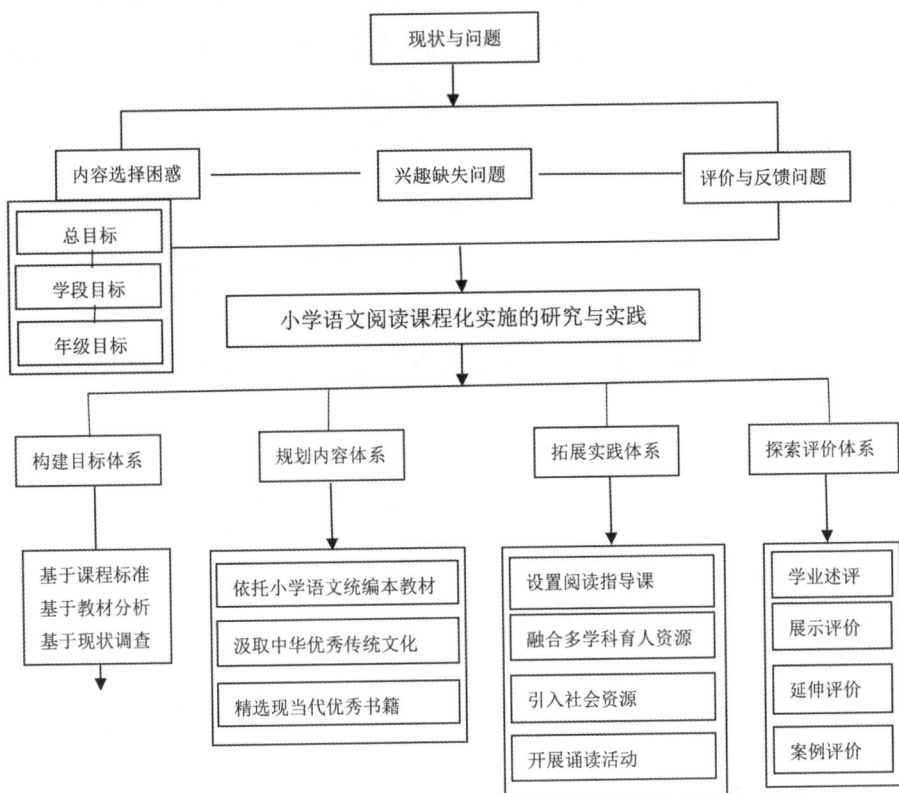

学校对小学阅读现状与问题进行调查研究，发现存在内容选择困惑、兴趣缺失、评价与反馈不及时等问题。通过梳理国内外小学阅读课程及评价体系的已有研究成果，进行小学语文阅读课程化实施的研究与实践。基于课程标准、教材分析、现状调查，构建目标体系；依托小学语文统编本教材1—12册，汲取中华优秀传统文化，精选现当代优秀书籍，规划内容体系；设置阅读指导课，融合多学科育人资源，引入社会资源，开展诵读活动，拓展实践体系；通过学业述评、展示评价、延伸评价、案例评价等多种方式，探索评价体系。

（三）阅读课程实施策略

1.创新思想认识：从海量阅读走向重视阅读育人的经典阅读

多年来，各学校一直重视海量阅读，但是读什么、怎么读、读的效果往往被忽略。学校依据《课程标准》和各学期学生的学业表现及成长规律，以现行小学语文教材为依托，在泛读的基础上，基于不同学段、年级、学情，整理出小学各年级阅读经典篇目，编辑校本教材，把阅读做精、做细，引导小学生从海量阅读走向经典阅读，形成正确的世界观、人生观、价值观，内化于心，外显于行，充分发挥阅读培根铸魂、启智增慧的立德树人作用。

一是借助中华优秀传统文化和现当代优秀诗歌，整理出适合小学生课外阅读的文言经典、传统经典、现代诗等篇目。二是借助现当代优秀书籍，对接"教育部基础教育课程教材发展中心中小学生阅读指导目录""潍坊市中小学阅读能力提升工程"，精选学生重点阅读书目，与课内阅读链接。三是借助课本的优秀选文，以"主题学习丛书"作为统编本教材同步课外阅读书目，"快乐读书吧""资料袋"和"阅读链接"整理出适合学生阅读的优秀国内外文学作品。

附：部分阅读课程经典篇目

年级	传统经典	历史人物故事	文言经典	年级	传统经典	历史人物故事	文言经典	年级	传统经典	历史人物故事	文言经典
一	《千字文》	《曹冲称象》《孔融让梨》《孟母三迁》《悬梁刺股》	《桃花源记》	三	《声律启蒙》《孝经》	《闻鸡起舞》《孔子拜师》《盘古开天地》《大禹治水》	《卖油翁》《马说》	五	《中庸》《女诫》	《水滴石穿》《大公无私》《入木三分》《苏武牧羊》	《狼》《介之推不言禄》
	《弟子规》	《二十四孝》一、孝感动天 二、戏彩娱亲 三、鹿乳奉亲 四、百里负米 五、啮指痛心 六、芦衣顺母 七、亲尝汤药 八、拾葚异器	《爱莲说》《陋室铭》		《三字经》	《二十四孝》十七、哭竹生笋 十八、卧冰求鲤 十九、扼虎救父 二十、恣蚊饱血 二十一、尝粪忧心 二十二、乳姑不怠 二十三、弃官寻母 二十四、涤亲溺器	《师说》《秋声赋》		《道德经》第一章 第三章 第八章 第四十一章	成语故事——韦编三绝 废寝忘食 参参笃学 手不释卷	《前出师表》《后出师表》
二	《笠翁对韵》《朱子家训》	《不耻下问》《铁杵磨针》《精卫填海》《投笔从戎》	《诫子书》《为学》	四	《大学》《诗经》选篇《论语》选篇	《吉林春洄》《胸有成竹》《文成公主进藏》《普罗米修斯》	《卖炭翁》《小石潭记》	六	《论语》《易经选篇》《史记选篇》	《竭泽而渔》《鹬蚌行云》《舍本求末》《邯郸学步》	《岳阳楼记》《进学解》
	《弟子规》	《二十四孝》九、埋儿奉母 十、卖身葬父 十一、刻木事亲 十二、涌泉跃鲤 十三、怀橘遗亲 十四、扇枕温衾 十五、行佣供母 十六、闻雷泣墓	《劝学》《黔之驴》		《朱子治家格言》	成语故事——程门立雪 牛角挂书 囊萤映雪 精忠报国	《醉翁亭记》《滕王阁序》		《礼记》-学记	成语故事——卧薪尝胆 囤积弃弃 凿壁偷光 勤能补拙	《前赤壁赋》《后赤壁赋》

2. 明晰阅读层次：倡导"朗读为基、理解为要、应用为重、德育为本"的课程观

一直以来，学生的阅读以理解为侧重点，学校从基础阅读、检视阅读、分析阅读三个层面，分低中高年级创意设计阅读策略，通过价值感和成就感激发学生阅读兴趣。结合布鲁姆的教育观念，经过实践研究与探索，我们将小学生阅读理解能力分为以下六个层次：

第一，获取信息，从文本中直接提取信息。第二，直接推论，从文本中信息做出直接的推断，对文本中的词句做出符合文意的解释。这两方面侧重提升学生对文章内容的初步感知和文中重要词句的理解、积累能力，属于基础阅读层面。

第二，整合解答，对文本中的多处信息进行连接，并能做出符合文意的解读。

第四，整体感知，能够把握文本的主要内容、思想感情及主旨。这两方面侧重提升学生通过重要词句帮助理解文章，体会其表情达意的作用，以及对文章大意的把握，属于检视阅读层面。第五，做出评价，即对文本内容、表达方式做出评价。第六，创意应用，即能提出不同意原文本的观点或独特的想法，并能运用所获取的信息解决实际问题。这两方面侧重引导学生了解

文章表达顺序和基本表达方法，领悟对文学作品的评价，着重提升学生感受形象、体验情感、品味语言的水平，对学生独特的感受和体验应加以鼓励。

总之，阅读理解重在提升学生对阅读材料的综合理解能力以及结合情感体验创造性理解的能力。我们从"朗读为基、理解为要、应用为重、德育为本"的课程观出发，引导学生乐读、善读、精读，在共情中得以理解和应用，在阅读中培养学生思维品质，提升人文素养。学生将课内阅读学到的基本方法运用到大量的课外阅读中去，使学生"得法于课内，受益于课外"。

3. 拓展实践体系：建立学校、家庭、社会三位一体的实践体系

长期以来，学生的阅读场所以学校和家庭为主，社会资源利用率不高。学校充分利用社会资源，到图书馆开展半日读书活动，建立学校、家庭、社会三位一体的阅读资源平台。借助学校读书沙龙、体育节、艺术节、社团等活动及窗口平台，多途径展示阅读成果；通过朋友圈、阅读 App 等电子媒介展示阅读成果，重视阅读方法技能与情感态度价值观的统一，发展学生的核心素养。

（1）低年级学生开展亲子伴读

教师定期了解学生家庭亲子阅读情况，并汇集比较有价值的阅读方法和经验。开展家长交流会时，让有成功经验的学生和家长做交流，现身说法给大家传经送宝。

（2）中高年级学生开展亲子共读

教师就本班和别班亲子共读中出现的一些共性问题进行梳理，提出合理化建议，并将一些有效的阅读方法进行归纳总结，为家长和学生提供好的方法和建议。

（3）组织亲子"说故事比赛"

评比出"书香家庭"和"阅读明星"，鼓励学生将所读的故事分享出来，更好地督促学生读书。

（4）开展特色假期诵读活动

2023 年暑假，学校将山东省暑假读好书和新华杯诵读大赛双线并行，进行一系列的朗诵活动。主要分为四个流程：一是暑假前期学生自主阅读，根据老师布置内容练习朗诵；二是初赛评选，学生自愿报名参加班级比赛；三是初赛人员自选题目，经由老师指导，参加校级比赛；四是通过校级比赛人员统一参加新华书店朗诵活动。此次活动将家、学校、社会三方面的阅读资源进行优化利用，学生因朗诵而愿读书、乐读书，活动过程中以诵读温养心灵，陶冶情操，也为孩子们的语文学习插上了引航的风帆，发挥了朗诵在语文学习中的积极作用。

4.改进评价方法：学业述评与展示评价相结合

学校在以往阅读评价方式的基础上，采用过程性学业述评与阶段性展示评价相结合的方式进行评价。引领学生自我规划，把应该完成的阅读任务，通过灵活多样的方式进行反馈，学生将自主阅读中的内容及感悟及时做好记录，纳入相应的学业述评体系，养成自我检视阅读的习惯。"述"见成就，"评"见能力，形成独特的小学语文阅读评价体系，极大方便和改善阅读教学评价和学生自主阅读评价，对教师教学和学生学习能够及时记录、反馈和激励，诊断学生存在的阅读障碍，发现教师在阅读教学中存在的问题，让教与学更具针对性。

（1）线上评价

评价学生的阅读时间、数量、广度和专注度，以促进学生阅读能力的提高。主要应用借助于评价系统，本校主要采用班级小管家、学乐云平台和微信朋友圈、视频号、抖音等打卡进行评测，本评价方式主要在假期使用。

（2）线下评价

评价学生的阅读态度、数量、广度和能力，以促进学生阅读能力的提高。低年级采用问卷调查、面谈，中高年级采用评价量化表和书面监测，线下评价主要在校内进行。

①评价量表

用于日常考察，设计评价表格，学生记录阅读时间、内容及收获等。

②纸笔评测

用于阶段性考察，教师积极建立试题库，随着日常练习进行测试，督促学生积极进行课外阅读。

③情景剧展演

学期初，教师确定本学期情景剧展演书目范围，督促学生积极阅读，理解阅读，展示阅读。

④整理"两表两册"，激发主动性

"两表"是指阅读内容一览表、内容梳理表；"两册"是两个评价手册，教师手执班级评价手册，学生自带个人评价手册。教师教有所依，学生读有目标，激发学生内在的主动性。

⑤拓展阅读，评价学业

学生的课外自主学习或拓展，纳入学业评价，为了更有利于让学生在课外保持阅读的热情，教师在针对课外阅读进行评价时，一是评价要全面，二是弱化终结性评价，强化过程性、发展性和综合性评价。从学生阅读水平、阅读兴趣与动机、阅读习惯等构建起完整的质量评价体系，深入剖析每个学生的阅读态度和阅读状况，努力用立体、多元、综合的学业述评，全面考查了学生的阅读能力，有效弥补传统评价中纸笔检测的不足和单一，提供给学生全方位的立体评价，促进学生自我成长。

（3）总结述评，激励先进

期末学业综合述评分学生自评、小组评价、教师评价、家长评价四个维度进行。既有等级的评价，又有详细的描述性评价，并结合通过评价反映出的问题给出具体的建议，鼓励学生通过评价及时反思，明确下一步学习态度、学习方法以及所学知识的努力方向，逐步提高学生自主阅读的成效。

（四）语文阅读课程化推进的实践价值

一是提高学生素养。学校在阅读内容方面对海量阅读和经典阅读均进行研究，并注重多学科阅读资源的融合。根据各学段各年级学生的身心发展规律，在阅读实施方面，除了沿用传统的阅读方法，更重视应用、分析、综合、评价等方面的创新做法和德育引领，让学生接触到不同的思想和文化，发展学生核心素养。

二是提升价值思考。阅读课程实施的过程中，引导学生读有用的书、读好书，指导学生发现经典作品的审美价值，理解经典作品的文化传承，帮助学生养成良好的读书习惯，在阅读中潜移默化地培养学生的国际视野和思维能力，为学生形成正确的世界观、人生观、价值观打下坚实的基础。

三是推广阅读课程。学校以拓展小学生阅读的广度和深度为目的，对《课程标准》中阅读教学目标进行分解与细化，确定经典阅读内容，研究行之有效的阅读实施及评价策略，构建小学语文阅读课程体系，对学生的阅读能力做出较为准确的评价与记录。目前，整门课程已成为较为完整的体系，其他学校可拿来就用，可操作可推广。

参考文献：

1. 夏家发.语文综合性学习摭谈.中国小学语文教学论坛，2003（2）

2. 夏家发.语文综合性学习的反思性实践.语文教学通讯，2005（1）

3. 夏家发.小学群文阅读教学的问题与对策.语文建设，2021（12）

4. 汪翼、程依青.小学语文与教学学业质量标准解读.教育科学论坛，2018（19）

5. 夏正江.浅析中小学语文阅读能力的层级结构及其培养.课程·教材·教法，2001（2）

6. 彭彦青.小学语文教学中小学生课堂阅读能力培养初探.文学少年，2021（20）

（本文发表于《语文教学通讯》2024年第1期）

十一、课程标准校本化解析——快速默读，扩大视域，提取信息

语文课程标准第三学段的第二个板块"阅读"的第 2 条明确指出"默读有一定速度，默读一般读物每分钟不少于 300 字。学习浏览，扩大知识面，根据需要搜集信息。"

下面我们从"课标要求""目标分解""评价设计""教学落实措施""教师专业能力要求"这五个方面来对这一条课程标准做一解析。

1. 课标要求

我们先来看一下《课程标准》中阅读教学（默读　略读　浏览）在各方面的要求：（第一学段）学习用普通话正确、流利、有感情地朗读课文。学习默读。（第二学段）初步学会默读，做到不出声，不指读。学习略读，粗知文章大意。（第三学段）默读有一定的速度，默读一般读物每分钟不少于300 字。学习浏览，扩大知识面，根据需要搜集信息。其中，"默读""略读""浏览"这三个层面呈螺旋上升、循序渐进的趋势。然后，在快速默读的基础上才能根据需要搜集信息。

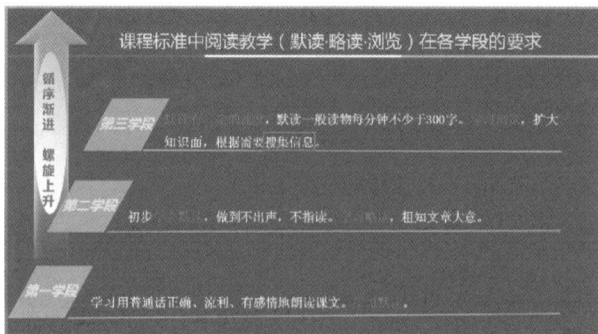

课程标准中阅读教学（默读·略读·浏览）在各学段的要求

循序渐进　螺旋上升

第三学段　，默读一般读物每分钟不少于300字。扩大知识面，根据需要搜集信息。

第二学段　初步　，做到不出声，不指读。　，粗知文章大意。

第一学段　学习用普通话正确、流利、有感情地朗读课文。

　　纵观小学语文教材，关于默读的最初学习，是在二年级上学期的《雪孩子》一课，课后练习题的第一题明确指出"默读课文，试着不出声"，这是学生对"默读"的最初认识。

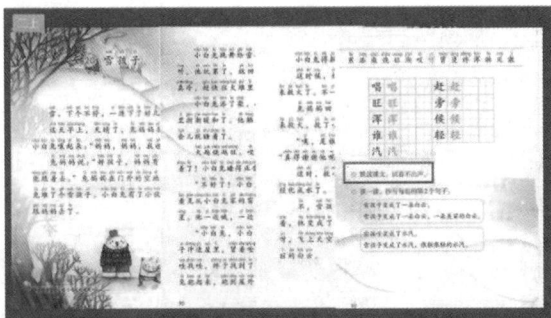

　　三年级上册第八单元，以语文要素的形式提出了默读的要求"学习带着问题默读，理解课文的意思。"

　　三年级下册的"了解课文是怎样围绕一个意思把一段话写清楚的。""了解课文是从哪几个方面把事情写清楚的。""了解故事的主要内容，复述故事。"等单元语文要素，也是需要学生在默读课文的基础上进行。

四年级上册的"了解故事的起因、经过、结果，学习把握文章的主要内容。""了解作者是怎样把事情写清楚的。""了解故事情节，简要复述课文。"等单元语文要素，也是需要学生在默读课文的基础上进行。

四年级下册的"抓关键语句，初步体会课文表达的思想感情。""学习怎样把握长文章的主要内容。"等单元语文要素，也是需要学生在默读课文的基础上进行。

在以上语文要素的基础上，五年级上学期第二单元的策略单元，提出了这样的语文要素"学习提高阅读速度的方法。"

综上所述，从二年级上学期的学习默读，到三年级上学期的带着问题默读，到五年级上学期的学习提高阅读速度的方法，呈现的是引导学生循序渐进提高阅读速度，梳理信息。

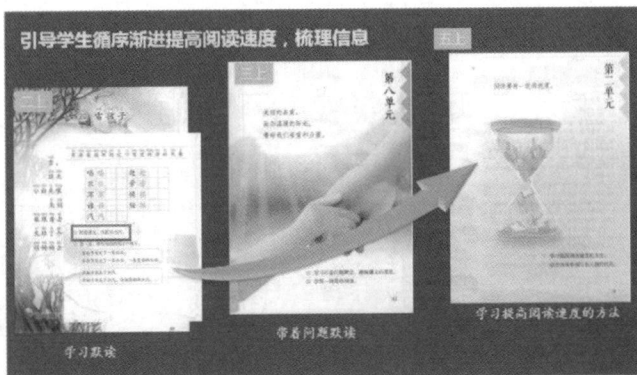

基于此，我们可以从"默读有一定速度，默读一般读物每分钟不少于300字。学习浏览，扩大知识面，根据需要搜集信息。"这条课标中，在提取关键词句的基础上，概括成为以下标题：快速默读、扩大视域。

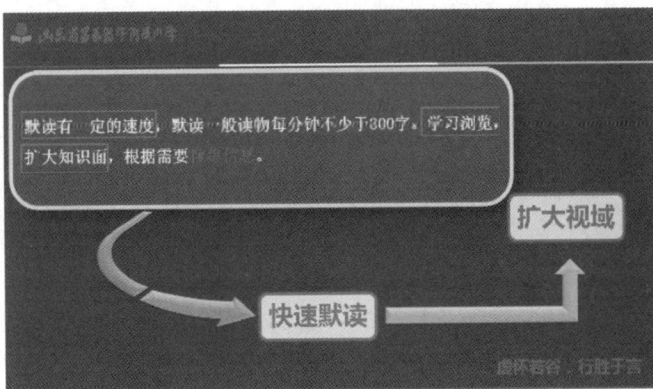

2. 目标分解

结合教学实际，我们可以把课程标准中的这条目标分解为以下几条：（1）不出声，不指读，要有一定速度。（2）通过默读，把握文章主要内容。（3）默读有一定的速度，根据需要搜集信息。

3. 评价设计

对应分解的目标，我们需要进行如下的评价设计：（1）能够不出声、不指读，并且有一定速度。（2）能够不出声、不指读，能够把握文章主要内容。（3）能够不出声、不指读，能够根据需要搜集信息。

4. 教学落实措施

根据教学实际，在"快速默读　扩大视域"的目标落实时，我们采用了如下落实措施：浏览目录法、标题连接法、抓关键词句法。

下面以教学案例为例，谈谈我们在教学过程中是如何落实教学评的一致性的：

（1）学习五年级上册的《快乐读书吧》，教学内容是《中国民间故事》，评价设计是能浏览目录，快速默读。教学落实措施是用浏览目录的方法快速默读。在课堂授课时，我们可以让学生浏览《中国民间故事》的目录，然后设计如下学习任务：浏览目录一分钟，我能记住（　　　）个民间故事。

（2）学习五年级上册的《猎人海力布》一课，教学内容是《猎人海力布》，评价设计是能用标题连接法，把握文章主要内容。教学落实措施是用标题连接法，把握主要内容。在课堂授课时，我们可以让学生快速默读课文之后，设计如下学习任务：默读课文，说说课文写了海力布的哪几件事。也就是引导学生用标题连接法概括把握文章的主要内容。

（3）学习五年级上册的《牛郎织女》一课，教学内容是《牛郎织女》，评价设计是能用抓关键词句的方法，根据需要搜集信息。教学落实措施是抓关键词句，搜集信息。在课堂授课时，我们设计了如下学习任务：默读课文，说说牛郎和老牛是怎么相处的，他是织女是怎么认识的。

（4）学习五年级上册的第二单元，在进行单元整体预习时，我们的教学内容是《搭石》《将相和》《什么比猎豹的速度更快》《冀中的地道战》，评价设计是能够掌握提高阅读速度的方法，根据需要搜集信息。教学落实措施是掌握方法，搜集信息。这四篇课文的题材各不相同，它们的共同点是：介绍提高阅读速度的方法，不同点是：每篇课文都根据文章特点，分别介绍了相应的提高阅读速度的方法。本单元的语文要素是：学习提高阅读速度的方法。

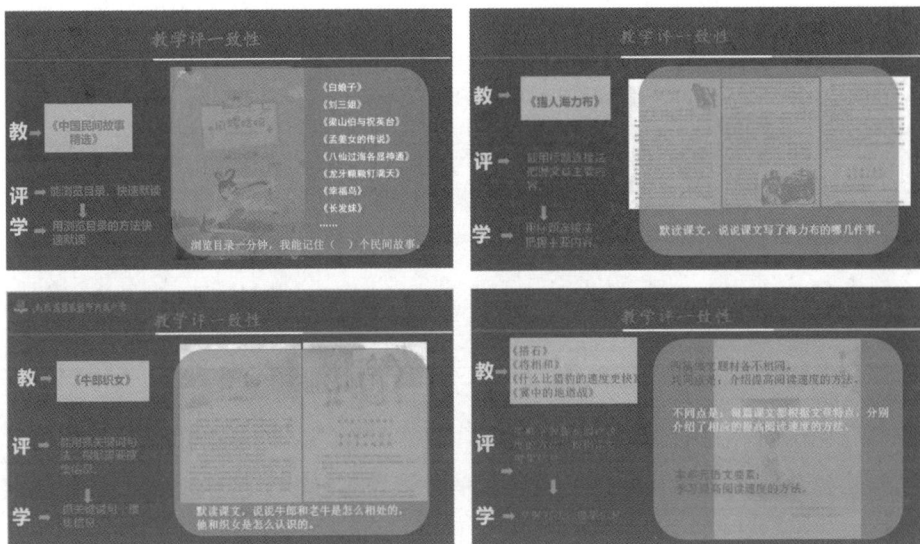

5. 教师专业能力要求

（1）知晓不同文体的结构等专业知识，能引领学生根据文体特点整体把握文章主要内容；

（2）课堂中要注重归纳、总结、整理等方法的引领；

（3）语言要做到准确、简洁、实用，给学生营造良好的语言环境。

总之，学生只有掌握提高阅读速度的方法，才能快速默读，扩大视域，根据需要搜集信息。

最后，我们用一张图表来呈现这五个部分之间的相互关系，如下图所示：

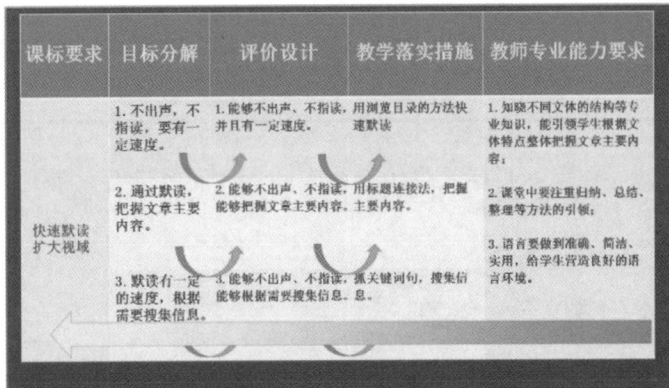

十二、依托学历案，实施新课标理念下的单元教学

2022 年 4 月 21 日，《义务教育课程方案和课程标准（2022 年版）》颁布。各学科教师通过多种途径进行了学习。新的课程方案从有理想、有本领、有担当三个方面，明确义务教育阶段时代新人培养的具体要求，体现了理想信念和社会责任感。课程标准新风向标是坚持素养导向，那把握素养目标是推进教学改革向纵深发展的前提。

新课标、新教学，新课堂，必然需要新教案。需要我们要像基础改革一样，改变学习方式。把握学科本质，从教知识转向教素养。一是基于核心素养培养的诉求。2014 年教育部提出，发展核心素养。两年后，中国研究成果发布，由双基三维到核心素养。新课程方案强化课程综合性和实践性，推动育人方式变革，着力发展学生核心素养；二是基于学生立场教学设计的变革，立足于学生"如何学习"以及"何以学会"。大任务、大单元提出的目的，就是让核心素养落地，需要有支架帮助。三是基于区域对课堂教学改革的需求。现在的课堂，大多数教师只关注自己的教，没有关注学生的学。

"大单元"教学强调以学习主题为引领，以学习任务为载体，整合学习内容、情境、方法和资源等要素，设计语文学习任务群，指向学生的核心素养发展。课堂—单元—课程，应该是从想要达到的目的出发，素养目标导致方案，关注怎么学、怎么学会，从教案走向学历案，教师应围绕一个具体的学习单位，学生自主构建通向素养目标的脚手架。因此，我们要进行大单元下的素养可视化的单元重构。

（一）什么是单元学历案

单元学历案是指教师为学生学好教材、以单元为单位而开发的一种素养导

向、学习立场的助学方案，是帮学生主动学习的支架。它至少包括单元名称与课时、学习目标、评价任务、学习过程、作业与检测、学后反思等六个要素。

（二）单元学历案的特点

1. 设计思路由正向设计转为逆向设计

单元学历案是以素养目标为导向进行设计的，它关注知识之间的融会贯通，是真实世界和学校教育的关联。真实性是素养的核心特质，从真实中来，到真实中去，为怎么样迁移到未来学习，打通通路。

2. 课程内容由单篇教学转为结构统整

我们的教学内容要依靠教材进行，但又不能局限于教材，要做到"用教材教"而不是"教教材"。

3. 单元组织由碎片学习转为任务驱动

单元学历案体现的是单元整体教学，是大概念、大任务、大问题、大项目的体现。

4. 教学方式由"带着学"转为"做中学"

学历案需要创设情境，提出大问题，引起学习兴趣。必须要有真实或拟真的情境任务设计，也就是要有真实性的大情境，没有情境任务就不是学历案。

（三）单元学历案文本的建构

单元学历案设计可以分为两大部分，一是单元概览。让读者首先了解单元全貌，从整体感知进入单元学习。在具体使用时，教师需要辅以解释以实现导学功能。它包括"1. 你敢挑战吗？ 2. 你将学习哪些知识？ 3. 期望你学会什么 4. 给你支招"四部分内容。二是分课时、一体化设计学历案。也就是"5. 课时学历案根据学习内容和学情可以分为 n 个。每个分课时的学历案都包括'学习目标、评价任务、学习过程'"三个部分。最后是"6. 作业与检测"及"7. 学后反思"部分。

【单元概览】

1. 你敢挑战吗？

这是一个真实情境中的问题或任务，包含"知识整合＋问题解决"。需要教师创设一个所学知识相关的真实情景中的大任务或者大问题，体现的是学生对单元知识的整体感知，通常以任务驱动的形式来呈现，以激发学生想学习的动力。

如何提炼单元大任务？

（1）聚焦单元导语

（2）紧扣课后习题

（3）参考习作主题

（3）关联课程标准

2.你将学习哪些知识？

画一张内容纲要图，包括各课时主题及其关系。

设计单元课程内容学习框架图，包括各课时的主题及其关系。单元学历案教学则需要将诸多文本看作一个整体，以统整的方式，实现多文本之间的要素整合、内容关联和教学统整，突破教材单元的限制，实现课程内容结构化，真正做到"用教材教"而不是"教教材"。

它可以分为单元内部重构式、单元联结整合式。我们通常运用内部重构的方式进行整合。单元内部重构式

主要是依据教材既定单元内容，在单元大概念或者大任务、大项目、大问题的统领下，结合单元学习目标、学习内容、学情分析、课后习题，对单元内部教学内容进行重组，进而对教学课时行重新划分，并根据重新划分的课时

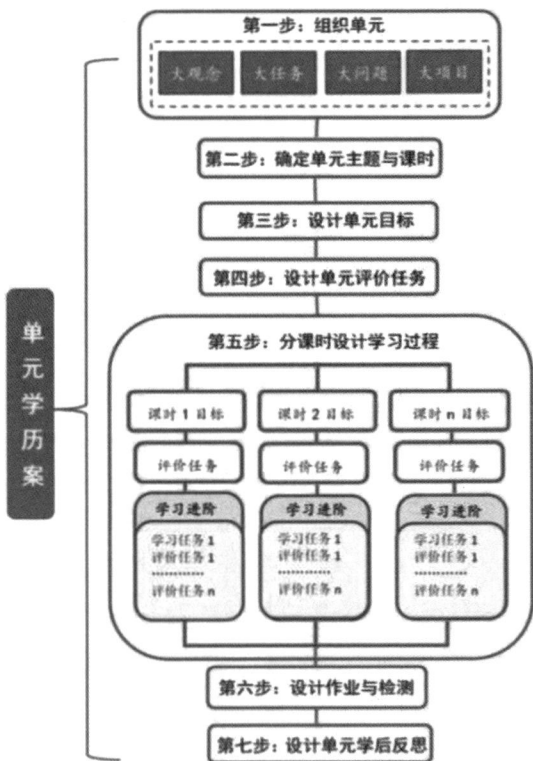

进行教学。

3. 期望你学会什么

指的是本单元期望的学习结果，主语必须是学生，要有明确的素养指向，看得到"目的地"的形象。一是要注意单元三维目标的叙写（通常四到六条），可测量可评价：比如通过……说出……（过程与方法），说出/理解/简述……（知识与技能），编制/制作/形成……（关键能力与价值观念）。二是单元目标合理分解为课时学习目标，即课时目标是对单元目标的合理分解。

4. 给你支招

让学生获得实用信息：一是为什么学？二是怎么学？三是除教材外还有哪些重要资源，在哪里可以得到？

【分课时学历案】

大任务所承载的教学目标必须分解到多个子课时中，才能逐个突破，落实到位。子任务就是对大任务进行分解，在一两个课时内完成的微型任务。

教学目标的设计是子任务设计实施的首要环节，教学设计和实施过程都是围绕教学目标而展开的。大任务强调以终为始，逆向设计，以清晰的教学目标和明确的评价量规为起点，目标意识、评价意识伴随教学活动始终，评价标准服务于学习目标，"教、学、评"浑然一体。教师不仅要关注学生学什么，还要关注怎样组织教学才能使学生的学习价值最大化。将知识点整合成为知识团，使得学生经历了问题解决的全过程：从我想做什么、我可以怎么去做到真正实现问题解决，学生慢慢具备了解决问题的能力。学习的评价不再仅关注易评测的知识性评价，更关注学生的高阶思维、社会性成长等方面的素养表现性评价。

5. 课时学历案根据学习内容和学情可以分为 n 个

每个分课时的学历案都包括"学习目标""评价任务""学习过程"三个部分。

要特别注意关注学习过程的进阶（目标进阶、任务进阶、过程进阶），学习进阶需要逆向设计，使学习目标、评价任务与学习过程三个要素围绕目标保持一致。

6. 作业与检测

一个单元的课后作业及单元测试，需要精选。拓展或提高类作业应有单独标识，供选做。课前预习、课中练习随学习进程呈现。

7. 学后反思

单元学习后的反思是知识学习通向素养的关键，需要教师引导学生正确地反思及提供反思支架。

（四）教学注意问题

核心素养是学生正确的价值观、必备品格和关键能力的综合体现，是课程育人的集中体现。各学科课程应立足学生的核心素养发展，充分发挥学科育人功能，实现立德树人。

教学实践中，我们首先应该用任务群的提法引导学生改变以往碎片化的学习，通过结构化的学习，把学生学习和社会生活、社会实践紧密结合起来，引导学生在真实的学习情境中去完成具体的任务，充分落实学以致用。以生活为基础，以学科实践活动为主线，以学习主题为引领，以学习任务为载体，整合学习内容、情境、方法和资源等要素，设计相关学习任务群。

其次，要明确学业质量标准，实现"教——学——评"一体化。新的课程标准指出，教师应树立"教——学——评"一体化的意识，科学选择评价方式，合理使用评价工具，妥善运用评价语言，注重鼓励学生，激发学习积极性。深刻理解教学改革理念，准确把握学业质量标准，构建教学评一体化的课堂教学，提高课堂效率，落实"双减"工作，通过程性评价和终结性评价，发挥考试的正面导向作用，提高课堂实施能力，实现教书育人。

新课标的颁布，对我们的教学提出了更高的要求。我们不仅要学好新课标，更要让新课标落地，这需要在以后的课堂教学中，边实践边运用，努力达成"新课标——新课改——新课堂"的转型。

（2022 年 8 月昌乐县中小学教师暑假培训讲座用稿）

十三、基于课程标准的小学语文命题——一至六年级下学期语文命题例谈

（一）命题内容

要根据每个学段的学习重点，有所侧重命制题目。三个学段的教学重点分别是：（一学段）识字写字、诵读积累；（二学段）阅读理解、掌握方法；（三学段）习作架构、快乐表达。

（二）命题原则

我们先来看，为什么要进行考试。2022班新课标指出，学业水平考试的目的主要是通过学生的学业质量表现检验学生在义务教育阶段结束时核心素养的发展水平，为高一级学校招生录取提供依据，为评价区域和学校教学质量、改进教学提供参考。

第一，坚持素养立意。以核心素养为考查目标，通过识字与写字、阅读与鉴赏、表达与交流、梳理与探究等语文实践活动，全面考查学生核心素养的发展水平。

第二，坚持依标命题。体现课程理念，严格依据学业质量要求命题，保证命题框架、试题情境、任务难度等符合学业质量要求。

第三，坚持科学规范。题目表述简明、规范，材料选取具有典范性和多样性，评分标准有效反映学生核心素养发展水平，确保测试目的、测试内容、测试形式和评分标准的一致性。

（三）题型分析

将2022年7月教研室命制的一至六年级试题做分析，题型汇总整理如下

（注：括号内的数字代表的是本题型在这些年级的考查）：

01 根据拼音写词语。（一二三四五六）

02 按要求抄写。（五）

03 选择填空。（一二三四五六）

04 补充词语，选择恰当的填空。（二）

05 按要求完成句子。（一二三四五六）

06 课内外积累填空。（一二三四五六）（一二加"连一连"）

07 整本书阅读。（三四（积累）五六（选择））

08 非连续性文本（三五六）

09 阅读理解。（一二三四五六）

10 写话、习作。（一二三四五六）

我们来逐个分析一下，每一类题型的考题命题意图、课标分析和教材依据以及教学建议等方面。

01 根据拼音写词语

命题意图：考查学生根据所学汉语拼音知识进行拼读写出相应的汉字。通过创设语言情境，把语文知识融合于情境之中，强化知识积累，呈现出对课文词语活学活用的场景，使学生在考试中、运用中经历再学习的过程。

课标依据：（基础型学习任务群）识字评价要考察学生认清字形、读准字音、掌握汉字基本意义的情况，在具体语言环境中运用汉字的能力，帮助学生养成写规范字的习惯，减少错别字。写字评价要考察学生对要求"会写"的字的掌握情况，重视书写的正确、端正、整洁，在此基础上，逐步要求书写流利。

教材依据：课文后一类字、课本词语表

教学建议：1.一类字和词语表的词语要能正确书写，重视书写的正确、端正、整洁。2.词语的扩展积累（低年级）。

注意问题：1.具体的语言环境（读好句子，想好词语后再写）。2.音节的声调

02 按要求抄写

命题意图：1.考查学生书写的布局谋篇和正确、端正、整洁的能力，2.考

查学生硬笔书写楷书的能力。

课标依据：1.（第一学段要求）能按基本的笔顺规则用硬笔写字，注意间架结构，初步感受汉字的形体美。2.（第二学段要求）能用硬笔熟练地书写正楷字，做到规范、端正、整洁。

3.（第三学段要求）硬笔书写楷书，行款整齐，力求美观，有一定的速度。

教材依据：课后"写字表"、语文园地（书写提示）

教学建议：1.教会学生静心审题。2.培养认真书写的基本能力。

注意问题：格局意识的培养。

03 选择填空之一选择正确的读音

命题意图：考查学生选择正确的读音，是对容易出错的字音（包括多音字）的考查。

课标依据：（学业质量描述）能借助汉语拼音、工具书，在阅读中主动识字；能根据具体语境辨析多音多义字的读音和字义，辨识、纠正常见的错别字。

教材依据：教师用书；"识字表"本册要求会认的字；蓝色字为多音字。

教学建议：课本"识字表"的生字要能够准确认读。

注意问题：根据所学汉语拼音知识进行拼读确定正确的读音即可，拼读时要注意每个音节的声调（读音、本音？）。

03 选择填空之二字词理解

命题意图：本题考查学生对词语的辨析与应用能力，所给词语类别包括形近字（词）、近义词，词语书写、字词含义等多方面，是对理解词语能力的考查形式之一。

课标依据：语音、文字、词汇、修辞等方面的知识，在教学中应根据语言文字运用的实际需要，从遇到的具体语言实例出发进行指导。

教材依据：课本"词语表"、语文园地（字词句／词句段运用）

教学建议：1.需要学生准确把握所给词语的意义，结合所给句子的语境去完成。2.重视语文园地的相关练习。

注意问题：方法运用——代入法、排除法

03 选择填空之三综合运用

命题意图：结合所学知识，根据年段特点，考查字词句的综合理解和运用能力。

课标依据：学习活动可以采用朗读、复述、游戏、表演、讲故事、情景对话、现场报道等学生喜闻乐见的形式，将识字、写字、阅读、写作、口语交际、搜集处理信息等融为一体；引导学生提高语言理解与运用能力，逐步增强语言表达的准确性、规范性。

教材依据：课本"口语交际"、语文园地、教师用书、读书吧

教学建议：1. 结合自己的阅读体验，梳理、归纳。2. 重视课本"口语交际"和"语文园地"等的学习。

注意问题：活学活用，学以致用。

04 补充词语，选择恰当的填空

命题意图：本题考查学生对四字词语积累和识记。能正确理解词语意思并会运用。

课标依据：（第一学段要求）结合上下文和生活实际了解课文中词句的意思，在阅读中积累词语。

教材依据：课本"写字表"、语文园地"词句段运用"

教学建议：1. 需要学生识记、理解、运用。2. 重视语文园地的相关题型的拓展练习。

注意问题：答题卡上只填写（　　　）的字，认真审题。

05 按要求完成句子

命题意图：1. 把句子写生动、具体的能力。2. 运用修改符号修改句、段的能力。3. 通过例句的仿写，考查学生用语言的能力。

课标依据：1. 在写话中乐于运用阅读和生活中学到的词语。

2. 尝试在习作中运用自己平时积累的语言材料，特别是有新鲜感的词句。3. 学习修改习作中有明显错误的语句。

教材依据：语文园地（字词句 / 词句段运用）

教学建议：1. 掌握句子的基本结构。2. 重视语文园地相关题型的相关拓展

练习。3.教会学生正确使用修改符号。注意问题：1.审题（读例句，想任务），仿结构/内容。2.正确使用标点。

06 课内外积累填空

命题意图：考查学生对语文知识的积累与理解。通常以主题或话题的形式进行综合运用的考查，通过创设语言情境，把要求积累的内容镶嵌在情境之中，强化知识的积累，强调对语文知识的活学活用。

课标依据：引导学生增强语言积累和梳理的意识，教给学生语言积累和梳理的方法，注重积累、梳理与运用相结合。诵读材料要选择脍炙人口的千古名篇和名言名句，既要有文化内涵，又要短小精悍，朗朗上口。提倡日积月累；提倡熟读成诵。引导学生建立自己的创意语言资料库，并能学以致用。

教材依据：教师用书"能积累课文中的优美词语、精彩句段，以及在课外阅读和生活中获得的语言材料。"

教学建议：1.课本必背篇目、课外必背篇目需要学生背过，学过的字会写。2.能理解大意，根据具体语境能灵活运用。

注意问题：一边背一边填，填好后原文和填写的内容要连起来读一读，不添字，不漏字。

07 整本书阅读

命题意图：考查学生的课外阅读情况，通过选择、填空、问答等形式，考查学生从内容、情节、人物等方面对整本书进行赏析鉴别，引导学生多读适合自己的好书，与好书交朋友，推进课外阅读。

课标依据：整本书阅读教学，应以学生自主阅读活动为主。引导学生了解阅读的多种策略，运用浏览、略读、精读等不同阅读方法；通读整本书，了解主要内容，关注整体与局部、局部与局部之间的关系；重视序言、目录等在整本书阅读中的作用。

教材依据：每册课本的"快乐读书吧"

教学建议：选择正版的适合的书目，在教师指导下产生阅读兴趣，自主规划阅读。

注意问题：有布置、有检查（汇报、交流、讲故事……）。

08 非连续性文本

命题意图：考查学生的非连续性文本阅读能力，即生活语文，创设生活情境，解决实际问题。

课标依据：（第三学段要求）阅读简单的非连续性文本，能从图文等组合材料中找出有价值的信息。

教材依据：单元语文要素、口语交际、语文园地

教学建议：培养学生直接提取信息的阅读能力、综合理解、运用能力……

注意问题：图文结合、直接提取信息、联系生活实际问题……

09 阅读理解之一（第一学段）

命题意图：侧重考查对文章内容的初步感知和文中重要词句的理解、积累。

课标依据：1.（第一学段学业质量描述）在阅读过程中能根据提示提取文本的显性信息，通过关键词句说出事物的特点，作简单推测；

2.（第一学段要求）认识课文中出现的常用标点符号，在阅读中体会句号、问号、感叹号所表达的不同语气。

教学建议：学生能通过朗读和想象等手段，大体感受作品的情境、节奏和韵味。

09 阅读理解之二（第二学段）

命题意图：侧重考查通过重要词句帮助理解文章，体会其表情达意的作用，以及对文章大意的把握。

课标依据：1.（第二学段学业质量描述）借助阅读经验和生活经验预测情节发展；能结合关键词句解释作品中人物的行为，从某个角度分析和评价人物；能借助上下文语境，说出关键语句、标点符号、图表在表达中的作用；能复述读过的故事，概括文本内容。

2.（第二学段要求）在理解语句的过程中，体会句号与逗号的不同用法，了解冒号、引号的一般用法。

教材依据：语文阅读要素、课后题、小练笔、泡泡语、阅读链接、语文园地"交流平台""词句段运用"

教学建议：在阅读全文基础上对重要段落和语句的细致阅读，具体感受作品的文学形象和语言。

09 阅读理解之三（第三学段）

命题意图：侧重考查对文章表达顺序和基本表达方法的了解，领悟文学作品阅读的评价，着重考查学生感受形象、体验情感、品味语言的水平，对学生独特的感受和体验应加以鼓励。

课标依据：1.（第三学段学业质量描述）在阅读过程中能获取主要内容；能梳理作品的行文思路；能品味作品中重要的语句和富有表现力的语言；能借助与文本相关的材料，结合作品关键语句评价文本中的主要事件和人物；能发现不同类型文本的结构方式和语言特点。2.（第三学段要求）在理解课文的过程中体会顿号与逗号、分号与句号的不同用法。

教材依据：语文阅读要素、课后题、小练笔、泡泡语、阅读链接……语文园地"交流平台""词句段运用"……

教学建议：学生对形象、情感、语言的领悟程度，以及自己的体验，来评价学生初步鉴赏文学作品的水平。

综合三个学段的阅读理解题目，总结如下：命题意图：考查学生对阅读材料的综合理解能力，结合学生的情感体验创造性理解的能力。

课标依据：（文学阅读与创意表达）1.第一学段侧重考察学生对作品情境、节奏和韵味的大体感受；2.第二学段侧重考察学生对重要段落和语句的理解，以及对作品的语言和形象的具体感受；3.第三学段，侧重考察学生对语言、形象、情感、主题的领悟程度和体验，评价学生文学作品的欣赏水平。

教材依据：课文文本

PIRLS 阅读能力六层次：

第一层次：获取信息——从文本中直接提取信息

第二层次：直接推论——从文本中信息做出直接的推断，对文本中的词句做出符合文意的解释

第三层次：整合解答——对文本中的多处信息进行连接，并能做出符合文意的解读

第四层次：整体感知——能够把握文本的主要内容、思想感情及主旨文

第五层次：做出评价——对文本内容、表达方式做出评判

第六层次：创意应用——能提出不同意原文本的观点或独特的方法，并能运用所获取的信息解决实际问题

第四层次：评价文章的内容和表达方法

10 写话、习作之一（第一学段）

命题意图：学生有写话的兴趣，能写完整的句子，正确使用标点。看图写话时按一定顺序描述，能根据画面或提示语进行丰富的想象。

课标依据：1.写自己想说的话，写想象中的事物。

2.在写话中乐于运用阅读和生活中学到的词语。

3.根据表达需要，学习使用逗号、句号、问号、感叹号。

教材依据：语文园地"写话"

教学建议：选择话题贴近学生实际，让学生易于动笔，

乐于表达，积极向上，表达真情实感。

10 写话、习作之二（第二学段）

命题意图：1.考查学生具体明确、文从字顺的表达自己的见闻、体验和想法。2.表达真情实感，鼓励有创意的表达。……

课标依据：1.能不拘形式地写下自己的见闻、感受和想象。

2.能用便条、简短的书信进行交流。

3.尝试在习作中运用自己平时积累的语言材料，特别是有新鲜感的词句。

教材依据：课本单元"习作"

教学建议：话题贴近学生实际，让学生易于动笔，乐于表达，积极向上，表达真情实感。

阅读理解题目命题注意事项：1.两篇阅读短文。不能出课本原文的课内阅读。两篇短文内容可以一篇来自主题丛书一篇来自课外，也可两篇全部来自课外。

2.阅读考点要结合各单元语文阅读要素。

3.在阅读题中，一般不出现"选择正确的读音"这样的题型。

总之，课内要以文本为载体，学会方法，课外才能体现相应的能力。

10 写话、习作之三（第三学段）

命题意图：1. 考查学生具体明确、文从字顺的表达自己的见闻、体验和想法。2. 表达真情实感，鼓励有创意的表达。……

课标依据：1. 养成留心观察周围事物的习惯。珍视个人的独特感受，积累习作素材。

2. 能写简单的纪实作文和想象作文，内容具体，感情真实。

3. 能根据表达的需要，分段表述。

教材依据：课本单元"习作"

教学建议：话题贴近学生实际，让学生易于动笔，乐于表达，积极向上，表达真情实感。

习作题命题注意事项：

1. 习作考点为课本单元主题习作。

2. 各个层次的学生都有话可说，一般不进行命题习作。通过提示语，提出具体的要求。

3. 习作要求要有所变化。（主题延伸法、主题合并法）

（四）教师专业能力要求

1. 研读教材、教师用书。

2. 知道"考什么"和"教什么"。

3. 勤于梳理、归纳、总结。

（2023 年 1 月昌乐县中小学教师寒假培训讲座用稿）

下篇 教学实践篇

教学研究的主阵地是课堂，单元整体教学的设计和课时教学的进行，都需要基于课程标准、基于教材、基于学情来研制学习目标，设计评价任务，实施教学活动。对课程标准进行校本化解析，依托学历案进行素养导向下的单元整体教学，是我们的实践与探索。在倡导学生深度学习的背景下，借由深度教学实现学生的深度学习成为教学改革的又一实践转向。基于课程标准的评价，架起教与学之间的桥梁，是对学习目标达成度的检测。在实践中，笔者逐渐形成自己的教育风格，站到了新课标新教学的前沿，拥有专业领域的话语权，实现从"知识"向"素养"的转向，提升学生的语文核心素养。

一、小学语文五上第五单元大单元教学设计

单元名称:(习作单元)学习写说明性文章

教材:小学语文统编教材五年级上册第五单元　　　对应课时:7

【创设真实情境】

拍卖会到了,为了更多了解到说明文的相关知识,我们不仅要广泛阅读不同类型的说明性文章,还要了解它们的说明方法和语言风格。我们也来举行一个班级模拟拍卖会,请大家抽盲盒,并对抽到的"商品"进行说明。另外,很多同学都喜欢《我们爱科学》这本杂志,通过这个单元的学习我们也要编一本班级的《我们爱科学》,作者就是同学们,非常期待大家的作品。

【目标制定的依据】

(一)课标要求

1.课程目标

(1)阅读说明性文章,能抓住要点,了解文章的基本说明方法。

(2)懂得习作是为了自我表达和与人交流。养成留心观察周围事物的习惯,有意识的丰富自己的见闻,珍视个人的独特感受,积累习作素材。

(3)分类整理学过的字词。学习跨媒介阅读与运用,初步运用多种方法整理和呈现信息。

2.课程内容

(1)引导学生在语文实践活动中,通过倾听、阅读、观察、获取、整合有价值的信息,根据交际情境和交流对象,清楚得体表达,有效传递信息,满足家庭生活、学校生活、社会生活交流沟通需要。

（2）走进大自然，走进科学世界，走进社会，阅读考察报告、科技说明文；学习记笔记、画思维导图等整理和呈现信息的方法；学习通过口头表达和多种形式的书面表达，分享观察自然、探索科学世界的所见所闻、所思所感。

3. 学业质量

（1）能概括说明性文字的主要内容或简单的非连续性文本的关键信息，初步判断内容或信息的合理性。

（2）能用准确的语言清楚地介绍、说明事物或程序，运用文本主要信息解决现实生活中的简单问题。

（3）能发现不同类型文本的结构方式和语言特点，感受作品内容、表现形式上的不同。

4. 课程实施—教学及评价建议

（1）考虑教材内容和学生情况，设计不同类型的学习任务，依托学习任务整合学习情境、学习内容、学习方法和学习资源，安排连贯的语文实践活动。

（2）创设学习情境，引导学生关注相关经验，增强学语文、用语文的意识。

（3）把握信息技术与语文教学深度融合的趋势。

（4）教师应树立"教—学—评"一体化的意识，科学选择评价方式，合理使用评价工具，妥善运用评价语言，注重鼓励学生，激发学习积极性。

（5）在汇报展示过程中，教师应提前设计评价量表，告知评价标准，引导学生合理使用评价工具，合理使用评价结果。

（6）组织学生互相评价时，教师要对同伴评价进行再评价，提出指导意见，引导学生在评价中学会评价。

（二）教材分析

本单元是习作单元，语文要素是"阅读简单的说明性文章，了解基本的说明方法"。本单元重在引导学生了解基本的说明方法，体会说明方法的好处，并能在习作中运用。

1. 两篇精读课文（《太阳》《松鼠》），前一篇课文语言平实、通俗易懂，作者运用列数字、举例子、做比较等说明方法从多个角度介绍了太阳；后一篇课文语言活泼、描述生动，作者抓住松鼠的主要特点，形象地介绍了松鼠的外形、习性等。

2. "交流平台"结合两篇精读课文，梳理总结了说明性文章的作用和它在表达上的一些特点。

3. "初试身手"是学生对本单元写作方法的初步运用，一是引导学生运用多种说明方法，抓住特征介绍事物；二是让学生将散文改写成说明性文章，体会说明性文章的特点。

4. "习作例文"是学生习作的范例。两篇习作例文便于学生借鉴和模仿，引导学生学习如何恰当地使用说明方法，有条理地表达。

5. "单元习作"是"介绍一种事物"，让学生"搜集资料，用恰当的说明方法，把某一种食物介绍清楚"，旨在让学生感受到说明性文章与现实生活联系紧密。

（三）学情分析

1. 五年级学生已掌握独立识记字词的方法，有自我检视的能力，能够正确、流利地朗读课文。

2. 学生在已有默读、浏览课文能力的基础上，能抓关键词句、整体把握课文内容，并能质疑。

3. 在学习过程中，教师需引导学生了解基本的说明方法，体会说明方法的好处并能在习作中运用。

4. 本单元"初试身手"和"习作"都要在学生观察和搜集资料的基础上进行，教师要对其进行有效指导。

【单元目标】

基于课程标准、教材分析、学情分析，结合布卢姆掌握学习理论关于学习目标的六个层次的要求及三维目标理论，本单元至少三分之二学生能达到以下目标：

1. 通过阅读不同文体的文章，把握说明文的特点，培养热爱自然、严谨科学的态度。

2. 通过自主独立识字等方式，认识 12 个生字，会写 20 个生字，正确读写"寸草不生、摄氏度"等 22 个词语，养成自我检视的习惯，提升自主识字学词能力。在此基础上，正确、流利地朗读课文。

3.学习运用跳读、猜读等阅读方法，初步了解课文的主要内容并能质疑，提升语言运用素养。

4.阅读说明性文章，根据不同的目的和对象以及语言特点等，可以将说明文分为不同的类型，体会科普的重要性，建立人与自然的联结。

5.学习不同课文及补充的案例，理解不同的说明方法，并能正确运用说明方法，提升语言运用素养，发展思维能力。

6.运用恰当的说明方法介绍事物的不同方面，对照评价表，对自己或他人的习作进行合理的评价、修改，着手编辑班级杂志《我们爱科学》，发展正确有效地运用语言文字进行交流的能力，提升审美创造能力。

【评价任务】

关于学习目标的达成，有三分之二学生能有以下五大方面的表现，并在课堂上呈现出来，才能认定真正达成目标：

针对学习目标，设计以下评价任务：

1.阅读有关"太阳"主题的文章，了解说明文特点。（指向单元目标 1）

2.能在具体语言情境中正确识记生字新词，并能正确、流利、有感情地朗读课文。（指向单元目标 2）

3.能用多种阅读方法，初步了解课文的主要内容并提出不明白的问题。（指向单元目标 3）

4.能够将说明文分为不同的类型，了解语言风格和说明方法的差异。（指向单元目标 4）

5.通过不同的文本，能理解不同的说明方法，体会说明方法的好处。（指向单元目标 5）

6.选择身边的事物，能够运用多种说明方法来说明它的特征。（指向单元目标 5）

7.结合学过的说明文，用思维导图的形式总结说明方法和说明文的写法。

（指向单元目标6）

8.介绍一种事物，运用恰当的说明方法介绍事物的不同方面。（指向单元目标6）

【学习活动】

本单元学习活动与课时安排

大任务	子任务		学习活动	核心素养	课时
以"你敢挑吗？"提供的情境为背景，编一本班级的《我们爱科学》。	识文体，知内容	导读课	1.阅读有关"太阳"主题的说明文、童话、散文，了解说明文特点及作用。 2.正确识记生字新词，正确、流利地朗读课文。 3.了解课文主要内容，就课文不明白的地方提出疑问。	语言运用 思维能力	1
	读文章，分类型	阅读课	1.阅读《太阳》和《松鼠》，了解两篇说明文语言风格的异同。 2.阅读《鲸》和《风向袋的制作》，了解两篇说明文语言风格的特点。 3.拓展阅读文章，进一步体会说明文语言的特点。	语言运用 思维能力	1
	懂方法，巧运用		1.通过《太阳》等课文的学习，感受列数字、做比较、举例子等说明方法的作用。 2.选择身边事物，试着运用多种说明方法来说明它的特征。 3.尝试用生动的说明性文字，介绍白鹭的特点。	语言运用 思维能力	2
	能表达，会编辑	表达课	1.梳理说明方法。 2.用盲盒的方式抽取主题写相应的说明文，注意：分段介绍事物的不同方面、写清楚事物的主要特点、试着用上恰当的说明方法。 3.与同学分享、评价、完善。 4.编辑班级杂志《我们爱科学》，配上照片或图画，交流、完善。	语言运用 思维能力 审美创造	3

分课时设计 1—导读课

子任务一：识文体，知内容

课时目标

1. 通过阅读不同文体的文章，把握说明文的特点，培养热爱自然、严谨科学的态度。

2. 通过自主独立识字等方式，认识 12 个生字，会写 20 个生字，正确读写"寸草不生、摄氏度"等 22 个词语，养成自我检视的习惯，提升自主识字学词能力。在此基础上，正确、流利地朗读课文，提升语言运用能力。

3. 学习运用跳读、猜读等阅读方法，初步了解课文的主要内容并能质疑，提升语言运用素养和思维能力。

评价任务

1. 阅读有关"太阳"主题的文章，了解说明文特点和作用。（指向课时目标 1）

2. 运用学过的识记方法，正确识记本单元 12 个生字，会写 22 个词语，正确、流利朗读课文。（指向课时目标 2）

3. 用思维导图的形式概括文章主要内容。（指向课时目标 3）

学习过程

任务 1：阅读三篇文章，比较说明文、童话、散文的异同，了解说明文特点和作用。

（1）教师出示：四篇有关"太阳"主题的不同文体的文章，学生阅读并比较异同。

（2）小组合作：学生阅读提供的文章，根据题材进行比较，并对小组的分类结果进行交流反馈，理解童话、记叙文、散文和说明文等文体的不同主要在于写作目的的不同。（学习性评价）

（3）师生交流：（结合"交流平台"第1-2自然段）了解并概括说明文的特点和作用。

（4）独立思考＋师生交流：为什么课文第1课《白鹭》不是说明文？

（5）应用：寻找生活中的说明文。根据学生收集补充案例，比如自我介绍、口头说明文（直播间介绍物品等）

任务2：自读《太阳》《松鼠》，正确识记生字新词，正确、流利地朗读课文。

（1）自读《太阳》《松鼠》，用学过的识字方法自主识记两课的生字新词。

（2）教师出示：本单元12个二类字、20个一类字、22个词语，对易读错字和易写错字进行指导。

（3）字词识记的过关检测。

任务3：运用跳读、猜读等阅读方法，画思维导图，概括课文的主要内容，就课文不明白的地方提出疑问。

（1）再读课文，用思维导图的形式，概括两篇课文的主要内容。（教师提供导图支架）

（2）小组合作，师生交流，纠正。

（3）就课文不明白的地方提出疑问，阅读课再进行学习。

出口通行证

1.说明文是一种客观说明事物、阐明事理的文体，以"（　　　　　　）"为成功。

2.用思维导图的形式，概括课文主要内容。

反思性评价

评价标准	评价星级		综合评价
	自评	互评	
能概括说明文的特点和作用。			
能正确识记本单元12个二类字，读准字音。			
能正确读写22个词语。			
能用思维导图概括《太阳》的主要内容。			
能用思维导图概括《松鼠》的主要内容。			

分课时设计 2—阅读课 2.1

子任务二：读文章，分类型

课时目标

1. 阅读单元中的说明文《太阳》《松鼠》，习作例文《鲸》和《风向袋的制作》，根据不同的目的和对象以及语言特点等，将说明文分为不同的类型，提升思辨能力。

2. 拓展阅读文章，进一步体会说明文语言的特点，提升语言运用和思维能力。

评价任务

1. 阅读课文《太阳》《松鼠》，了解两篇说明文风格的差异。（指向课时目标 1）

2. 阅读习作例文《鲸》和《风向袋的制作》，了解两篇说明文语言风格的特点。（指向课时目标 1）

3. 阅读拓展文章《花钟》《夜间飞行的秘密》，了解两篇说明文语言风格的差异。（指向课时目标 2）

学习过程

任务 1：阅读《太阳》和《松鼠》，了解两篇说明文语言风格的异同。

（1）阅读《太阳》和《松鼠》，学习"交流平台"第 3-4 自然段，想想两篇说明文语言风格有什么不同。

（2）师生交流，小结：《太阳》语言平实;《松鼠》语言活泼。

任务 2：阅读《鲸》和《风向袋的制作》两篇习作例文，了解两篇说明文语言风格特点。

（1）小组交流。

（2）师生交流，小结：《鲸》语言平实＋活泼，《风向袋的制作》是流程性说明文。

任务3：阅读说明文《花钟》《夜间飞行的秘密》，了解两篇文章语言风格特点。

小组合作：讨论"说明文有哪些不同类型？各自有什么特点？"用思维导图对说明文进行分类。

出口通行证

1. 根据不同的说明对象，可以将说明文分为实物说明文，比如《   》《   》；程序说明文，比如《   》。

2. 根据不同的语言特点，可以将说明文分为（   ）说明文和（   ）说明文。

反思性评价

评价标准	评价星级		综合评价
	自评	互评	
能说出说明文的类型。			
能说出说明文的类型以及它们各自的语言风格特点。			
能用思维导图概括说明文的不同类型。			
能用思维导图概括说明文的不同类型和语言风格特点。			

分课时设计 3—阅读课 2.2

子任务三：知方法，巧运用

课时目标

1. 通过阅读《太阳》《松鼠》《鲸》《风向袋的制作》等课文，了解列数字、做比较、举例子、打比方、分类别等说明方法，并体会运用说明方法的好处，提升梳理概括能力。

2.选择身边事物，试着运用多种说明方法来说明它的特征，提升语言运用能力。

3.尝试用生动的说明性文字，介绍白鹭的特点，提升审美创造能力。

评价任务

1.阅读相关文章，学习"交流平台"，理解说明方法的大概念，体会说明方法的好处。（指向课时目标1）

2.运用多种说明方法，写清楚一种事物的特征。（指向课时目标2）

3.将散文《白鹭》第2-5自然段改写成一段说明性文字。（指向课时目标3）

学习过程

任务1：自读课文《太阳》《松鼠》《鲸》《风向袋的制作》，结合关键语句和"交流平台"第2自然段，说说作者是运用哪些说明方法介绍事物的，体会这样写的好处。

（1）自读课文《太阳》《松鼠》《鲸》《风向袋的制作》，结合关键语句和"交流平台"第2自然段，总结文中的说明方法。

（2）结合关键语句，体会表达的不同，理解说明方法的好处。

任务2：运用多种说明方法，写清楚一种事物的特征。

（1）出示电视塔示意图和介绍电视塔的相关语句，分析句子的说明方法及其作用。

（2）结合电视塔的说明文例文中用到的说明方法，自主选择身边的事物，试着运用多种方法来说明它的特征。

任务3：尝试运用生动的说明性文字，介绍白鹭的特点。

（1）梳理说明文和散文语言风格的不同。

（2）教师出示散文《白鹭》2-5自然段，小组交流如何改写成说明性文字。

（3）把散文《白鹭》的2-5自然段，改写成说明性文字。

出口通行证

在理解不同说明方法目的基础上，我学会了（　　　　）、（　　　　）、（　　　　）、（　　　　）、（　　　　）等说明方法。

反思性评价

评价标准	评价星级		综合评价
	自评	互评	
能说出 3 种说明文方法。			
能说出 4-5 种说明文方法及其好处。			
能用上 3 种以上的说明方法，介绍身边熟悉的事物。			
能用恰当的说明方法把白鹭的外形写清楚。			

分课时设计 4—表达课

子任务四：能表达，会编辑

课时目标

1.巩固认识各种说明方法，认识说明文语言风格的多样性，总结说明文的写法，提升语言运用能力。

2.运用恰当的说明方法介绍事物的不同方面，把某一种事物介绍清楚，提升审美创造能力。

3.对照评价表，对自己或他人的习作进行合理的评价、修改，提升思维能力。

4.着手编辑班级杂志《我们爱科学》，提升审美创造能力。

评价任务

1.结合学过的课文和读过的说明文，用思维导图的形式总结说明方法并梳理习作提纲。（指向课时目标 1）

2.用抽盲盒的方式选择商品，运用恰当的说明方法介绍事物的不同方面，把商品介绍清楚。（指向课时目标2）

3.依据评价量规，进行互评、组评，结合老师的点评，评价并完善习作。（指向课时目标3）

4.将修改好的习作，编辑成班级杂志《我们爱科学》。（指向课时目标4）

学习过程

任务1：回顾本单元学过的课文、读过的说明文，借助文中的批注，试着用思维导图的形式梳理说明方法。

（1）回顾本单元说明文，梳理说明方法。

（2）用思维导图的形式梳理学过的说明方法。

任务2：以抽盲盒的方式选择商品，完成对抽中商品的说明文撰写，并在"直播拍卖会"上进行模拟解说。

（1）抽盲盒选择商品，修改习作提纲，完成对抽中商品的说明文撰写。

（2）在"直播拍卖会"上进行模拟解说，同时请同学根据评价量规，拍卖稿进行打分。

任务3：对照评价表，按照习作的要求，对自己的习作进行评价和修改。

（1）个人自评

（2）小组互评

（3）教师点评

（4）修改完善

任务4：将修改后之后的习作，配图完成科普文章，最后集成一本班级《我们爱科学》。

出口通行证

我觉得，写好说明文可以从以下方面入手：

（1）_____

（2）_____

反思性评价

评价标准	评价等级		综合评价
	自评	互评	
能抓住事物特点。			
能恰当使用说明方法。			
能分段介绍事物的不同方面。			
能选择恰当的语言风格。			

学后反思

1.在本单元的学习中，你掌握了哪些说明方法，让你的阅读更有收获？

2.学习本单元，你对说明文有了哪些了解？在日常生活中，怎样才能说得更明白？请从说明方法的理解与运用、交流表达的技巧与方法等角度进行阐述。

3.编辑班级杂志《我们爱科学》的过程中，你有哪些收获或者更好的建议，请与同学交流一下。

二、小学语文六下第三单元大单元教学设计

单元主题：忆童年　诉真情

教材：小学语文统编教材六年级下册第三单元

对应课时：6

【目标制定的依据】

（一）课程标准的陈述和分析

1.课程目标

（1）在阅读中了解文章的表达顺序，体会作者的思想感情，初步领悟文章的基本表达方法。学习浏览，扩大知识面，根据需要搜集信息。

（2）养成留心观察周围事物的习惯，有意识的丰富自己的见闻，珍视个人的独特感受，积累习作素材。修改自己的习作，并主动与他人交换修改。

（3）分类整理学过的字词。学习跨媒介阅读与运用，初步运用多种方法整理和呈现信息。

2.课程内容

（1）观察自然、感受自然与社会，表达自己独特的体验与思考，尝试创作文学作品。

（2）用口头或者书面的方式表达对自然的观察与体验，抒发自己的情感。

（3）在主题情境中，开展文学阅读和创意表达活动，引导学生感受文学之美、表达自己的独特感受。

3.学业质量

（1）在学习中，能发现富有表现力的词句和段落，自觉记录、整理，乐于与他人分享积累的经验，并尝试在自己的表达交流中运用。

（2）乐于参与讨论，敢于发表自己的意见。

（3）能用文字、结构图等方式梳理作品的行文思路。

（4）能发现不同类型文本的结构方式和语言特点，感受作品内容、表现形式上的不同，积极向他人推荐，并有条理地说明推荐理由。

（5）能主动梳理、记录可供借鉴的语言运用实例，比较其异同，积极运用于不同类型的写作实践中。

4.课程实施—教学及评价建议

（1）从培养核心素养出发，设定教学目标时既有所侧重，又融为一体。

（2）设计不同类型的学习任务，安排连贯的语文实践活动。

（3）教师应树立教学评一体化的意识，科学选择评价方式，合理使用评价工具，妥善运用评价语言，注重鼓励学生，激发学习积极性。

（4）在小组合作、汇报展示过程中，教师应提前设计评价量表，告知评价标准，引导学生合理使用评价工具，形成评价结果。

（5）组织学生互相评价时，教师要对同伴评价进行再评价，提出指导意见，引导学生内化评价标准、把握评价尺度，在评价中学会评价。

根据以上课程标准的相关要求，在教学时需要做到：

第一，积累并运用各种表达不同心情的词语，唤起学生丰富的生活体验。

第二，体会作者流露的真情实感，引导学生从阅读中学会不同的情感表达方法，了解不同文章在情感表达上的异同。

第三，拓展学习空间，为学生提供多层面、多角度的阅读、表达和交流的机会，丰富学生的阅读体验。

第四，在主题情境中，充分联系学生已有的生活经验，选择合适的内容，尝试运用学到的方法表达自己的真情实感。

（二）教材分析

本单元是习作单元，语文要素是"体会文章是怎样表达情感的"，教师重在引导学生学习表达真情实感的方法。

1.两篇精读课文（《匆匆》《那个星期天》），前一篇课文侧重用一连串的问句把情感直接表达出来，后一篇课文侧重把情感融入具体的人、事、景物中，引导学生学会直接抒情和间接抒情的方法。

2."交流平台"结合两篇精读课文，总结表达真情实感的两种方法，引导学生尝试运用这些方法表达自己的真情实感。

3.“初试身手”是学生对本单元写作方法的初步运用，进一步感受把情感融入景物之中的表达方法，并尝试运用这样的方法进行练写。

4.“习作例文”是学生习作的范例。两篇习作例文便于学生借鉴和模仿，引导学生进一步感受选择合适的材料，借用具体事例，围绕一条主线表达真情实感。

5.“单元习作”是“让真情自然流露”，引导学生运用学到的习作方法，结合生活中印象深刻的经历表达自己的真情实感。

（三）学情分析

六年级的学生已具备一定的自主学习能力，能够分类整理学过的词语；在默读、浏览课文的基础上，把握课文主要内容，理清文章表达顺序；能运用抓关键词句、借助插图等学习方式，体会作者表达的情感，学生在写景、写人、写事能融入自己的真情实感。

但对于学生来说，体会作者情感表达的方法稍有困难。需要在教师的引领下，体会作者直接表达情感和将真情实感融入事、人和景物中的间接表达方法，并选择合适的内容，真实自然地表达情感。

【单元目标】

基于课程标准、教材分析、学情分析，结合布卢姆掌握学习理论关于学习目标的六个层次的要求及三维目标理论，至少三分之二学生能达到以下目标：

1.积累并能在主题情境中正确运用不同心情的词语，初步感知文本主要内容，提高梳理概括能力。

（1）根据体验说出表达不同心情的词语，并在具体语言情境中正确运用。

（2）抓住关键句段，初步感知《匆匆》《那个星期天》的主要内容。进行有感情朗读，体会作者表达的情感。

2.理解课文内容，体会作者表达的真情实感，感悟表达情感的方法，发展思维能力。

（1）默读课文，借助文中的两处连续问句，抓住关键句段，感悟作者直接表达情感和将情感融入景物描写之中的方法，并运用在一定的情境中，提升书面表达能力。

（2）借助插图，圈画、批注关键词句，学习作者运用具体事例、内心独白及一条主线表达情感的方法。

（3）通过对比阅读，比较《匆匆》《那个星期天》在情感表达方式上的异同。

3. 自主阅读组文，了解不同类型的文章是怎样表达情感的，提升领悟及概括梳理能力。

（1）自主阅读组文，学习"选取合适的内容，运用不同的方式表达感情"的方法，提升概括梳理及领悟能力。

（2）仿照组文，借助主题情境的具体事例，表达真情实感，提升语言运用能力。

4.选择合适内容，运用恰当的抒发情感的方法，把内容写具体，提高书面表达情感的能力。

（1）通过结合生活经验或阅读积累，选择合适的内容，把内容写具体。

（2）通过运用恰当的抒发情感的方法，真实自然地表达自己的情感。

5.运用学过的修改符号修改自己的习作，并主动与他人交换修改，提出合理化建议，提升审美鉴赏能力。

（1）能根据习作评价标准，运用学过的修改符号修改自己的习作，提升鉴赏能力。

（2）能根据习作评价标准，对他人的习作提出合理化建议，提升表达能力。

关于学习目标的达成，有三分之二学生能有以下五大方面的表现，并在课堂上呈现出来，才能认定真正达成目标：

针对学习目标1，设计以下评价任务：

1.能根据提示说出表达不同心情的词语。

2.能在具体语言情境中正确运用词语。

3.能运用多种方法，概括课文主要内容。

4.能有感情地朗读课文中的重点段落，体会作者表达的真情实感。

针对学习目标2，设计以下评价任务：

1.能借助文中的两处连续问句、关键句段，感悟作者直接表达感情和将情感融入景物的方法并体会好处。

2.能结合文本和日常生活经验体会时间的流逝，背诵课文并仿照第3自然段表达自己对时光流逝的感触。

3.能选择具体情境，运用把情感融入景物的方法就心情"好"与"不好"两种状态练笔。

4.能借助关键句段和插图，通过小组合作、品读等方式，感悟作者将情感融入具体事例、人物内心以及围绕主线进行情感表达的方法。

5.结合课后第三题和"交流平台"，比较《匆匆》《那个星期天》情感表达方式的异同。

针对学习目标3，设计以下评价任务：

1.在整体把握文章主要内容及表达顺序的基础上学习组文，并借助旁批、插图等，感悟作者的情感。

2.学习组文，感悟并交流作者通过直接抒情和间接抒情等表达情感的方法。

3.从积累的素材中，选择合适的内容，真实自然地表达自己的情感。

针对学习目标4，设计以下评价任务：

1.学习两篇习作例文，了解作者抒发情感的方法，学习选择合适的内容，把内容写具体。

2.能从积累的习作素材中选择合适的内容，把内容写具体，做到语句通顺、内容条理。

3.能运用融情于景、融情于事、融情于人、直接抒情等抒发情感的方法，真实自然地表达自己的情感。

针对学习目标5，设计以下评价任务：

1.会运用修改、增补、删除符号修改习作。

2.与同伴展示分享，发展正确有效地运用语言文字进行交流的能力。

【学习活动】

时光匆匆，不觉间六年的小学生活已经临近尾声，学校将组织一次主题为"忆童年　诉真情"的主题活动，并编辑班级杂志《童年的脚印》。你想在活动中留下怎样的痕迹呢？请用课本上学习到的表达方法，记录你精彩的心路历程，在活动中一展风采。

大任务	子任务		学习活动	核心素养	课时
以"如何让真情在笔尖流露"提供的情境为背景，编辑班级杂志《童年的脚印》。	识文本，懂真情	导读课	1.能拓展表达不同心情的词语，并在具体情境中正确运用。 2.能概括课文的主要内容，体会作者感情。 3.课文中的重点段落进行有感情朗读。	文化自信 语言运用 思维能力	1
	知方法，巧运用		1.借助文中的两处连续问句，体会作者内心感受并有感情地朗读，感悟作者是如何表达情感的。 2.借助关键句段，感悟作者将情感融入景物描写之中的表达方法。 3.结合日常生活经验，选择具体情境运用所学的情感表达方法进行仿写练习。	语言运用 思维能力	1
	读文本，悟表达，比异同	阅读课	1.借助插图，圈画、批注关键词句，学习作者运用具体事例、内心独白表达情感的方法。 2.回读课文，梳理"我"心情变化的过程，感悟表达情感的方法。 3.通过对比阅读，比较本课与《匆匆》在情感表达方式上的异同。	语言运用 思维能力	1
	品美文，拓思维		1.整体把握文章主要内容及表达顺序，并借助旁批、插图等，感悟作者的情感，梳理作者表达情感的方法。 2.通过阅读，用圈划关键词句等方法，感悟并交流作者直接抒情和间接抒情等表达情感的方法。 3.能运用学过的表达情感的方法，借助习作评价标准，选择合适的内容真实自然地表达自己的情感。	语言运用 思维能力	1
	能表达，会编辑	表达课	1.从积累的习作素材中选择合适的内容，把内容写具体，做到语句通顺、内容条理。 2.运用融情于景、融情于事、融情于人、直接抒情等抒发情感的方法，真实自然地表达自己的情感。 3.熟练修改自己的习作，并对同伴的习作提出恰当的修改建议，规范、整洁地书写习作。	语言运用 思维能力 审美创造	2

活动一：识文本，懂真情

（板书：匆匆　那个星期天）

环节1：初读课文，词语拓展

自主阅读课文《匆匆》和《那个星期天》，完成以下几个任务。

1. 出示文中表达不同心情的词语，指导朗读。

> 盼望　　兴奋　　呜咽　　叹息　　沉郁　　惆怅
> 焦急　　惊惶　　掩面叹息　热泪盈眶

2. 借助提示，对词语进行分类。

表达高兴的词语：兴奋

表达难过的词语：呜咽　叹息　沉郁　惆怅　掩面叹息

表达着急的词语：焦急

表达害怕的词语：惊惶

3. 拓展表达不同心情的词语。

表达高兴的词语：兴奋____　　____　　____　　____

表达难过的词语：呜咽　叹息　沉郁　惆怅　掩面叹息____　　____

表达着急的词语：焦急____　　____　　____　　____

表达害怕的词语：惊惶____　　____　　____　　____

师生交流，及时评价。

环节2：入情入境，巧妙运用

能再具体的语言环境中正确运用不同的词语。

1. 选取一个词语，结合生活体验或在影视作品中所见的场景展开想象。

写作提示：在这些场景中，心情是怎样的？我想用____（景色、事情、人物）来表现当时的心情。

2.全班交流，师生评价。

小结：生活中经历的一切，都会带给我们各种各样的情感体验。本单元的两篇课文，作者就表达了自己不同的情感。

环节3：再读课文，知晓文意

快速浏览课文，理清文章脉络，梳理填空。

1.运用学过的概括文章主要内容的方法来，说一说《匆匆》《那个星期天》的主要内容。

（出示评价量表，学生根据交流提纲组织语言）

评价标准	评价等级	
	自评	互评
能概括《匆匆》课文大意	☆	☆
能说出《匆匆》表达的情感	☆	☆
能概括《那个星期天》课文大意	☆	☆
能说出《那个星期天》表达的情感	☆	☆

（1）《匆匆》作者紧扣"匆匆"二字，刻画了_____，表达了_____。

（2）《那个星期天》按照_____顺序，写了_____。在盼望中写出了"我"情感变化过程：_____。

2.组内交流，生生互评。

3.班内交流，师生评价。

小结：能抓住文中关键信息进行梳理概括，是一种非常好的概括文章内容的方法。

环节4：重点段落，个性朗读

这两篇文章都有令我们印象深刻的语句。请将在预习过程中积累的优美句段或自己喜欢的段落在小组内进行展示，然后小组内进行评价。

1.出示重点句子，谈感受，个性化朗读。

（1）燕子去了，有再来的时候；杨柳枯了，有再青的时候；桃花谢了，有再开的时候但是，聪明的，你告诉我，我们的日子为什么一去不复返呢？——是有人偷了他们吧：那是谁？又藏在何处呢？是他们自己逃走了吧：现在又到了哪里呢？

（2）看着盆里揉动的衣服和绽开的泡沫，我感觉到周围的光线渐渐暗下去，渐渐地凉下去沉郁下去，越来越远越来越缥缈，我一声不吭，忽然有点儿明白了。

2.交流：这两组句子带给你怎样的感受？

我想交流的句子是＿＿＿＿＿＿，我的感受是＿＿＿＿＿＿＿＿＿＿。我来读一读。

环节 5：畅谈收获，总结提升

本节课，你有什么收获？

作业设计

搜集朱自清、史铁生的相关资料，读读他们的作品，和同学交流读书感受。

附：板书设计

匆匆　　　　　　　无奈　　惋惜

那个星期天　　　　期待—无奈—失望

活动二：知方法，巧运用

环节1：借助问句，学习表达

在整体把握文章内容的基础上找出文中的两处一连串问句，体会作者内心感受并有感情地朗读，感悟作者是如何表达情感的。

1.默读课文，找出文中的两处一连串问句，体会作者内心感受并有感情地朗读，感悟作者是如何表达情感的。

（1）但是，聪明的，你告诉我，我们的日子为什么一去不复返呢？——是有人偷了他们吧：那是谁？又藏在何处呢？是他们自己逃走了吧：现在又到了哪里呢？

（2）在逃去如飞的日子里，在千门万户的世界里的我能做什么呢？只有徘徊罢了，只有匆匆罢了。在八千多日的匆匆里，除徘徊外，又剩些什么呢？过去的日子如轻烟，被微风吹散了，如薄雾，被初阳蒸融了。我留着些什么痕迹呢？我何曾留着像游丝样的痕迹呢？我赤裸裸来到这世界，转眼间也将赤裸裸地回去吧？但不能平的，为什么偏要白白走这一遭啊？

小结：通过一连串的问句可以感受到作者对时光匆匆流逝的无奈和惋惜。（板书：无奈、惋惜）

2.学法总结。

文中两处使用了一连串的问句，体会这样的写法有什么好处。

小结：畅快、直接、能够紧紧吸引读者的目光，具有撼动人心的力量。这种表达情感的方法就叫直接抒情。（板书：直接抒情）

3.有感情地朗读。

环节2：聚焦语句，感悟表达

默读课文第2、3自然段，抓住关键句段，体会作者是如何将抽象的时光写得具体可感的，感悟作者表达情感的方法。

（出示评价量表，学生根据交流提纲组织语言）

评价标准	评价等级	
	自评	互评
能找到形象可感的语句	☆	☆
能体会出作者的内心感受	☆	☆
能体会出作者是如何表达情感的	☆	☆
能把内心感受有感情地读出来	☆	☆

交流提纲：请大家看第＿＿＿＿自然段，我找到的句子是＿＿＿＿＿＿＿＿＿，我感受到＿＿＿＿＿＿＿＿＿＿＿＿＿＿＿＿＿＿＿。我来读一读：

1. 自主学习，圈点勾画重点词句

2. 组内交流，互评。

3. 班内交流，教师精讲点拨，适时评价。

（1）在默默里算着，八千多日子已经从我手中溜去，像针尖上一滴水滴在大海里，我的日子滴在时间的流里，没有声音，也没有影子。

（2）于是——洗手的时候，日子从水盆里过去；吃饭的时候，日子从饭碗里过去；默默时，便从凝然的双眼前过去；我觉察他去得匆匆了，伸出手遮挽时，他又从遮挽着的手边过去；天黑时，我躺在床上，他便伶伶俐俐地从我身上跨过，从我脚边飞去了；等我睁开眼和太阳再见，这算又溜走了一日；我掩面叹息，但是新来的日子的影儿又开始在叹息里闪过了。

小结：作者写时光流逝饱含真情，通过将情感融入景物描写之中变得具体可感，因而真切感人，这就是融情于景。（板书：融情于景）

收集评价信息。

4. 有感情的背诵《匆匆》第三自然段，再次体会作者的真情实感。

5. 仿照第 3 自然段，表达自己对时光流逝的感触。

小学阶段尽管去了，中学阶段尽管来着，去来的中间，又怎样的匆匆呢？早上我起来的时候，阳光斜照在我的小床上。太阳他有脚啊，轻轻悄悄地挪移了。于是——（　　　）时，日子（　　　　）；（　　　）时，日子（　　　　）；（　　　　）时，日子（　　　　）；

6.学生交流，师生及时评价

默读《那个星期天》，找出文中关于光线的四次描写，感受"我"的心情变化，感悟作者表达情感的方法。

> 起床，刷牙，吃饭，那是个春天的早晨，阳光明媚。
>
> 看着盆里揉动的衣服和绽开的泡沫，我感觉到周围的光线渐渐暗下去，渐渐地凉下去沉郁下去，越来越远越来越缥缈，我一声不吭，忽然有点儿明白了。
>
> 我现在还能感觉到那光线漫长而急遽的变化，孤独而惆怅的黄昏的到来，并且能听得见母亲咔嚓咔嚓搓衣服的声音，那声音永无休止就像时光的脚步。那个星期天。就在那天。
>
> 男孩儿蹲在那个又大又重的洗衣盆旁，依偎在母亲怀里，闭上眼睛不再看太阳，光线正无可挽回地消逝，一派荒凉。

1.品读上面的语句，体会"我"的心情变化与景物描写的关系。

2.根据选文，相机点拨，指导朗读，适时评价（生评、师评）。

小结：心情不同，对身边景物的感受也不同。这种把情感融入景物描写的方法就是——融情于景。

环节3：赏析文本，巧妙表达

赏析《乡愁》体会情感表达的方法，进行练笔。

1.出示："邮票、船票、坟墓、乡愁"学生组织语言，表达情感。

2.赏析《乡愁》体会作者借助景物表达情感的方法。

3.从下面的情境中选择一两个，就心情"好"与"不好"两种状态，分别写几句话。

走在小巷里　　奔跑在田野上　　弹琴　　钓鱼

（出示评价量表，学生根据交流提纲组织语言）

评价标准	评价等级	
	自评	互评
能结合生活经验选取一两个情境，表达心情	☆	☆
能运用融情于景的方法写几句话来表达心情	☆	☆
能写出 4 句以上的通顺的话来表达心情	☆	☆

4. 全班展示交流，自评、互评、师评。

5. 收集评价信息，生修改练笔。

环节 4：畅谈收获，总结提升

学生谈收获。

作业设计

1. 教师引领学生总结本节课的收获（内容、方法）。

2. 从课本 50 页"初试身手"部分提供的情境，选择另外一两个分别写几句话，表达自己不同的心情；阅读主题丛书《真情流露》中的文章《春》，体会作者表达情感的方法。

附：板书设计

匆匆

无奈 ⎱ 直接抒情

惋惜 ⎰ 融情于景

活动三：读文市，悟表达

环节 1：聚焦文段，学习表达

默读课文第 4 自然段，借助课本 47 页插图，圈画出"我"在这段时光里做的事情，感受"我"的心情并做好批注。

1.学生根据方法提示自主阅读，完成学习任务。

（根据交流提纲组织语言）

交流提纲：

通过读第4自然段，借助文本和插图，我知道这段话的主要意思是____，作者是通过_____、_____、_____、_____四个事例来表现的，从中我感受到了小男孩_____的心情。

2.全班交流，师生评价。

小结：作者通过一系列具体事例写出了小男孩的焦急、孤独和无聊，这种将情感融于叙事之中的表达方法就叫作——融情于事。（板书：融情于事）

环节2：聚焦文段，感悟表达

默读课文5-7段，圈画关键语句，借助插图，梳理"我"的心情变化，体会作者是如何表达自己的情感的，并有感情地朗读。

（出示评价量表，学生根据交流提纲组织语言）

评价标准	评价等级	
	自评	互评
能找到表现小男孩心情的句子	☆	☆
能体会出作者是如何表达情感的	☆	☆
能把这种心情有感情地读出来	☆	☆

交流提纲：

请大家看第____自然段，我找到的句子是_____，从这些句子我感受到小男孩_____的心情，这是_____描写。我来读一读：

1.自主学习，圈点勾画重点词句。

2.组内交流，互评。

3.班内交流，教师精讲点拨，适时评价。

预设：

A母亲买菜回来却又翻箱倒柜忙开了。走吧，您不是说买菜回来就走吗?

好啦好啦，没看我正忙呢吗？真奇怪，该是我有理的事啊？不是吗，我不是一直在等着，母亲不是答应过了吗？整个上午我就跟在母亲腿底下：去吗？去吧，走吧，怎么还不走啊？走吧…我就这样念念叨叨地追在母亲的腿底下，看她做完一件事又去做一件事。

点拨：这样的表达是语言也是心理，两者交织在一起，直接又鲜明地表现出"我"焦急的心情。

像这样的句段，文中还有吗？

B 我蹲在她身边，看着她洗。我一声不吭，盼着。我想我再不离开半步，再不把觉睡过头。我想衣服一洗完我马上拉起他就走，决不许她再耽搁。

小结：作者将语言、动作和内心独白巧妙地融合在一起，写出了小男孩焦急的心情。这种写法就叫作——融情于人。（板书：融情于人）

收集评价信息。

环节3：回读课文，梳理心情

1. 出示表格，借助提示梳理"我"心情的变化。

时间	"我"的心情
早晨	（兴奋）
上午	（焦急）
下午	（惆怅）
黄昏	（失望）

2. 师生交流，及时评价，教师适时板书（表达心情的词语）。

小结：作者通过心情的变化表达了情感的变化，这是围绕一条主线进行的情感表达。（板书：一条主线）

环节4：回顾课文，比较异同

《匆匆》和《那个星期天》都表达了真实的情感，借助表格梳理两篇课文在表达情感的方式上的相同点和不同点。

课文	相同点	不同点
《匆匆》	（融情于景）	直接抒情
《那个星期天》		间接抒情（融情于事、人） 围绕一条主线抒情

1. 学生借助表格梳理。

2. 全班交流，互相补充，教师点拨、归纳（适时板书：融情于景）。

环节 5：畅谈收获，总结提升

教师引领学生总结本节课的收获（内容、方法）。

作业设计

阅读主题丛书《真情流露》中的文章《小鞋子》，梳理主人公的心情变化，体会作者表达情感的方法。

附：板书设计

那个星期天

兴奋

焦急　　融情于 { 事　人　景 }

惆怅

失望　　一条主线

活动四：品美文，拓思维

环节 1：复习回顾，感悟方法。

表达真情实感的方法是多种多样的。复习回顾《匆匆》和《那个星期天》中，学过的表达感情的方法。

> 在逃去如飞的日子里，在千门万户的世界里的我能做什么呢？
>
> 在八千多日的匆匆里，除徘徊外，又剩些什么呢？
>
> 我留着些什么痕迹呢？
>
> 我何曾留着像游丝样的痕迹呢？
>
> 我赤裸裸到这世界，转眼间也将赤裸裸地回去吧？
>
> 但不能平的，为什么偏要白白走这一遭啊？
>
> 你聪明的，告诉我，我们的日子为什么一去不复返呢？

在这一连串的发问中，体会表达的感情，找出表达方法。

（对时间流逝的无奈、惋惜、不舍、恐慌。直接抒情）

作者把时间的流逝变成具体可感的生活场景的变化。（融情于景）运用融情于景的手法的，还有《那个星期天》中在景物变化中映衬人物心情的变化。

> 起床，刷牙，吃饭，那是个川田的早晨，阳光明媚。

看，"阳光明媚"，啊，心情真好，这个星期天，母亲就要带我出去玩儿了。然而——

> 看着盆里揉动的衣服和绽开的泡沫，我感觉到周围的光线渐渐暗下去。渐渐地凉下去沉郁下去，越来越远越来越缥缈，我一声不吭，忽然有点儿明白了。
>
> 我现在还能感觉到那光线漫长而急遽的变化，孤独而惆怅的黄昏的到来，并且听得见母亲咔嚓咔嚓搓衣服的声音，那声音永无休止就像时光的脚步。
>
> 男孩儿蹲在那个又大又重的洗衣盆旁，依偎在母亲怀里，闭上眼睛不再看太阳，光线正无可挽回地消逝，一派荒凉。

美好的阳光昭示了美好的心情，沉郁的光线也昭示了失望的内心，这样的借景抒情是多么具有感染力啊！表达真情实感的方法还有很多，像：

这段时光不好挨。我踏着一块块方砖跳，跳房子，等母亲回来。我看着天看着云彩走，等母亲回来，焦急又兴奋。我蹲在院子的地上，用树枝拨弄着一个蚁穴，爬去找更多的蚁穴。院子里就我一个孩子，没人跟我玩。我坐在草丛里翻看一本画报，那是一本看了多少回的电影画报。那上面有一群比我大的女孩子，一个个都非常漂亮。我坐在草丛里看她们，想象她们的家，想象她们此刻在干什么，想象她们的兄弟姐妹和她们的父母，想象她们的声音。去年的荒草丛里又有了绿色，院子很大，空空落落。

作者借助一件件事例来表现内心的焦急和期盼，这是——（融情于事）

在"我"和母亲的一系列动作中，在我的内心独白中，我焦急的心情跃然纸上。

这是借助人和事来表达情感。就像交流平台中所说的：（出示课件）

"情以物迁，辞以情发。"写文章就像说话一样，要抒发自己的真实情感。

有时，我们把情感融入具体的人、事或景物之中，在叙述中自然而然地流露情感。

有时，我们也可以把心里想说的话直接写出来，抒发自己的情感。

人的内心情感是复杂的，表达真情实感的手法也是多样的。

复习了这么多表达真实感情的方法，试着在阅读中找出这样表达感情的方法，体会作者的真情实感。

环节2：美文阅读，感悟内容

1. 运用学到的阅读方法，自主阅读《馋嘴父亲》《槐树花真香》《春》三篇文章，完成学习单。

文章题目	文章内容（文章主要写了_____表达了_____）
《馋嘴父亲》	
《槐树花真香》	
《春》	

独立学习—小组交流—全班展示

2.阅读《馋嘴父亲》，回顾文章所写事情的经过，体会当时主人公的心情，找出达作者情感的事件。（融情于事）

学生边读边圈画出文中描写语言、动作、心理的语句，批注体会到的思想情感。

3.我们从《馋嘴父亲》中感受到了作者的情感变化，找出文中其他的表达情感的方法。

小结：这样的表达是语言也是心理，两者交织在一起。像这样的句段，文中还有吗？

作者将语言、动作和内心独白巧妙地融合在一起，写出了作者对父亲敬爱之情。（融情于人）

环节3：聚焦语段，体会情感

1.《馋嘴父亲》中作者利用父亲和母亲的对话，表达了感情。快速浏览《槐树花真香》，找出文章融情于人的部分，体会表达了作者怎样的感情。

（1）自主学习，圈点勾画重点词句（提醒重点阅读4-15自然段）。

（2）组内交流，互评。

评价标准	等级
能找到《槐树花真香》融情于人的部分	☆
能体会作者表达了怎样的感情？	☆

（3）班内交流，教师精讲点拨，适时评价。

2.《槐树花真香》运用了融情于人的表达方法。再找出文章其他表达情感的方法，并找出相对应的语句。

3.《槐树花真香》中作者还将自己的情感融入景物之中。《春》是一篇非常优美的文章，学生默读文章，感受春天的美好，找出文章中作者融情于景的语句。

①作者通过对桃花、杏花、梨花盛开景象的描写，写出了作者在春天到来时的激动和欣喜，试着读出这种欣喜。

②通过用鸟儿欢快的表现，衬托出人们愉悦的心情，交流阅读体会。

环节 4：巧抓素材，交流表达

你的家人有什么特点？想一想可以用哪些典型事例表现他们的特点，列出来和同学交流。

环节 5：畅谈收获，总结提升

交流本节课学习收获。

作业设计

什么是真情？真情就是真实的情感。"真情"不会凭空发生，一般是跟事情结合在一起。你有"后悔"的事嘛？写一写你当时的心情。

附：板书设计

<table>
<tr><td colspan="2" align="center">品美文　拓思维</td></tr>
<tr><td>馋嘴父亲</td><td>间接抒情</td></tr>
<tr><td>槐树花真香</td><td></td></tr>
<tr><td>春</td><td>直接抒情</td></tr>
</table>

活动五、六：乐习作，善表达

环节 1：以诗入境，引入主题

著名诗人白居易总结过一个写作窍门："感人心者，莫先乎情。"（出示诗句）就是说要想写出好文章，要学会表达出自己的真情实感。

单元交流平台中说道："情以物迁，辞以情发。"（出示诗句）

就是说写文章就像说话一样，要抒发自己的真实情感。

人的内心情感是复杂的，表达真情实感的手法也是多样的，我们已经知道的有：

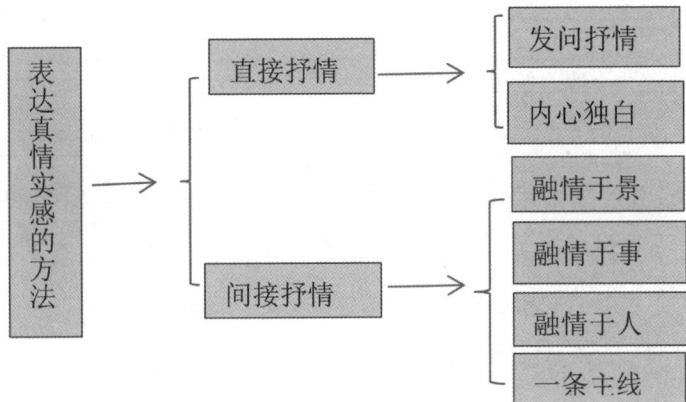

环节 2：学习例文，巩固方法

快速默读《别了，语文课》，借助课本上的旁批和自己的理解，看作者是怎样表达"我"的内心情感的。

（一）出示图片，学习交流。

1.学生边读边圈点勾画写，力争在最短的时间内读懂课文。自己学完后，根据学习提示在小组内交流。

自学交流提示	评价等级	
	自评	他评
《别了，语文课》讲了什么事?	☆	☆
"我"的情感变化有哪些?	☆	☆
作者是怎样表达内心情感变化的?	☆	☆
你能把"我"的情感变化读出来吗?	☆	☆

2.集体交流，学习手法

（1）几个具体事例表达"我"对语文由不喜欢到喜欢的情感变化，正是因为喜欢中文才有了"担心"，因为喜欢中文才"难过""流泪"。

小结：用几件事例写出了"我"对语文课的情感，读起来非常真实自然。

（板书：融情于事）

（2）内心独白，更加直接而强烈地表达了心情。（板书：内心独白）

（3）写告别语文课，可能有很多事情可写，这里选择了老师和同学留言、送书的事，把气氛与心情突显出来。

小结：选择合适的材料才更能表达对祖国语言文字的热爱，对祖国以及祖国大地上的同学朋友的依依不舍。（板书：合适内容）

（二）再读例文，实践手法

快速读第二篇例文《阳光的两种用法》，从两家人的生活中，你能体会到怎样的情感? 作者是怎样把这种情感表达出来的?

借助旁批和自己的理解，在最短的时间内读懂例文表达真情实感的手法。

（板书：一条主线）

环节3：运用方法，练习习作

1.生活中经历的一切，都会带给我们各种各样的情感体验。看以下是哪种情感体验?

欣喜若狂　畅快　感动　激动……

忐忑不安　感动　愧疚　难过　沮丧　追悔莫及……

2. 选择一种你印象最深也最有纪念意义事情，先回顾事情的经过，再想想你的感受，回忆当时的心情，注意运用本单元学习过的抒发真情实感的方法，理清思路写下来。

（出示习作评价标准，学生按照提示认真习作）

习作提示（评价标准）	星级评价	
	自评	他评
把印象深刻的内容写具体。	☆	☆
能借助景、事、人、合适的材料以及直接抒情等手法，沿一条主线，把情感真实自然地表达出来。	☆	☆
如果在事情发展的过程中，情感有所变化，要把情感的变化写清楚。	☆	☆
写完后，请先自己赏读习作，模仿课文中的旁批写你自己的旁批；再和同学交换读一读，互相说一说哪些地方较好地表达了真情实感，把你的修改建议写出来。	☆	☆

温馨提示：争取在三十分钟内完成习作，准备展示交流。

环节 4：对照标准，修改习作

学生按照评价标准，交流畅谈自己的看法以及修改建议。

学生修改自己的习作，并对同伴的习作提出恰当的修改建议，进一步修改习作。

畅谈收获，总结提升

谈谈本节课的收获。

作业设计

教师出示《童年的脚印》纪念册封面，学生将自己修改完善后的习作，编辑成册。

附：板书设计

让真情自然流露 ｛ 景　事　人
　　　　　　　独白
　　　　　　　主线
　　　　　　　材料

三、小学语文五下第一单元大单元教学设计

单元名称：童年往事

教材：小学语文统编教材五年级下册第一单元

对应课时：10

【目标制定的依据】

（一）课程标准的陈述和分析

1. 课程目标

（1）有较强的独立识字能力。写字姿势正确，有良好的书写习惯。硬笔书写楷书，行款整齐，力求美观，有一定的速度。

（2）在阅读中了解文章的表达顺序，体会作者的思想感情，初步领悟文章的基本表达方法。学习浏览，扩大知识面，根据需要搜集信息。

（3）阅读叙事性作品，能简单描述印象最深的场景、人物、细节，说出自己的感受；阅读诗歌，大体把握诗意，想象诗歌描述的情境，体会作品的情感；背诵优秀诗文，注意通过语调、韵律、节奏等体味作品的内容和情感。

（4）听人说话认真、耐心，能抓住要点，表达有条理，语气、语调适当。

（5）能写简单的记实作文，内容具体，感情真实。修改自己的习作，并主动与他人交换修改。

2. 课程内容

（1）观察、思考日常生活，阅读记人叙事的优秀文本，学习通过口头表达、书面叙写，与他人交流身边令人感动、难忘的人和事。

（2）观察自然、感受自然与社会，表达自己独特的体验与思考，尝试创

作文学作品。

（3）用口头或者书面的方式表达对自然的观察与体验，抒发自己的情感。学习运用细节描写等文学表现手法，描述自己成长中的故事。

（4）在主题情境中，开展文学阅读和创意表达活动，引导学生感受文学之美、表达自己的独特感受。

3. 学业质量

（1）在学习中，能发现富有表现力的词句和段落，自觉记录、整理，乐于与他人分享积累的经验，并尝试在自己的表达交流中运用。

（2）乐于参与讨论，敢于发表自己的意见；能认真、耐心倾听，抓住要点，并作简要转述。

（3）能用文字、结构图等方式梳理作品的行文思路。

（4）能发现不同类型文本的结构方式和语言特点，感受作品内容、表现形式上的不同，积极向他人推荐，并有条理地说明推荐理由。

（5）能主动梳理、记录可供借鉴的语言运用实例，比较其异同，积极运用于不同类型的写作实践中。

4. 课程实施—教学及评价建议

（1）从培养核心素养出发，设定教学目标时既有所侧重，又融为一体。

（2）设计不同类型的学习任务，安排连贯的语文实践活动。

（3）教师应树立教学评一体化的意识，科学选择评价方式，合理使用评价工具，妥善运用评价语言，注重鼓励学生，激发学习积极性。

（4）在小组合作、汇报展示过程中，教师应提前设计评价量表，告知评价标准，引导学生合理使用评价工具，形成评价结果。

（5）组织学生互相评价时，教师要对同伴评价进行再评价，提出指导意见，引导学生内化评价标准、把握评价尺度，在评价中学会评价。

根据以上课程标准的相关要求，在教学时需要做到：

第一，积累并运用与童年生活有关的词语，唤起学生丰富的生活体验。

第二，体会课文表达的思想感情，引导学生从阅读中学会运用不同的体会情感表达方法，了解不同文章在情感表达上的异同。

第三，拓展学习空间，为学生提供多层面、多角度的阅读、表达和交流的机会，丰富学生的阅读体验。

第四，在主题情境中，充分联系学生已有的生活经验，选择合适的内容，尝试运用学到的方法表达自己的真情实感。

（二）教材分析

本单元以"童年往事"为主题，语文要素是"体会课文表达的思想感情"，教师重在引导学生运用已经掌握的方法体会课文表达的思想感情。

1. 两篇精读课文（《古诗三首》《祖父的园子》），分别描写了古代乡村中的儿童生活和"我"在园子里无拘无束的童年生活，将情感蕴含在园中的花朵、虫子、鸟儿等具体事物中；两篇略读课文（《月是故乡明》《梅花魂》），分别通过典型的事例、直抒胸臆的语句和细节表达了作者强烈的思乡之情及外祖父对祖国的思念之情。

2. "口语交际"引导学生了解关于大人们童年生活的信息，以及不同年代童年生活的特点，提高亲密度，初步感知时代的变迁，体会口语交际对于日常生活的意义。

3. "交流平台"引导学生梳理、总结"体会课文表达的思想感情"的阅读经验。

4. "词句段运用"引导学生学习具体描述一种情景以及体会语句表达强烈感情的方法并练习仿写。

5. "单元习作"是"那一刻，我长大了"，引导学生写清楚成长过程中印象最深的一件事的经过，并把受到触动、感到长大的"那一刻"写具体，表达自己的真情实感，体现了读与写的结合。

（三）学情分析

五年级的学生已具备一定的自主学习能力，能够分类整理学过的字词；在默读、浏览课文的基础上，感知文本主要内容；能够初步掌握"抓住关键语句""了解课文借助具体事物抒发感情的方法""体会作者描写的场景、细节中蕴含的感情"等体会课文思想感情的方法。但对于学生来说，感悟课文表达思想感情的方法稍有困难。这需要在教师的引领下，根据交流平台引导学生梳理、总结"体会课文表达的思想感情"的阅读经验，将词句段运用中的知识点融入课文的学习过程中，灵活运用已经掌握的方法深入体会课文表达的思想感情，并能选择合适的内容，表达自己的真情实感。

【单元大任务】

童年，是纯真难忘的岁月。每个人都有自己的童年往事，快乐也好、辛酸也好，都是心动神移的深刻记忆。近期，学校将举办一场"缤纷童年推介会"活动，让我们穿越时光的隧道，走进童年，收集童年趣事，感受童年美好，一起记录成长瞬间吧！

【单元目标】

基于课程标准、教材分析、学情分析，结合布鲁姆掌握学习理论关于学习目标的六个层次的要求及三维目标理论，至少三分之二学生能达到以下目标：

1. 运用多种识字方法认识"昼、耘"等42个生字，会写"昼、耘"等18个生字，正确读写"蝴蝶、蜻蜓"等10个词语，养成自我检视的习惯，提高独立识字学词能力。

2. 默读课文，初步感知文本主要内容，提高梳理概括能力。

3. 诵读、背诵四首古诗，想象并说出诗句描绘的情景，体会其中的童真童趣。

4. 正确、流利、有感情地朗读课文，运用学过的方法，体会课文表达的思想感情，感悟表达情感的方法。

5. 根据需要向别人提问，认真倾听并记录别人的回答，根据记录有条理地表达，提高语言表达能力。

6. 从自己的成长经历中选择一件印象最深的事写下来，把能感到长大的"那一刻"的情形写具体，记录真实感受，提高书面表达情感的能力。

【评价任务】

1. 能够运用多种识字方法自主识记本课的生字新词，书写时姿势正确，行款整齐，美观大方，有一定速度。（指向目标1）

2. 运用学过的速读方法默读课文，借助关键语句、圈画关键词等，梳理

课文主要内容。（指向目标 2）

3. 能熟练、有感情地诵读古诗，借助注释、插图等理解内容，想象画面，体会童真童趣。（指向目标 3）

4. 通过借助具体事物、典型事例、直抒胸臆的语句、细节描写、角色自居和有感情朗读等方法，体会课文表达的思想感情，梳理、总结课文表达思想情感的方法。（指向目标 4）

5. 能根据需要向他人提出不同的问题，认真倾听他人的回答，交流时边听边记录，能根据整理的记录有条理地表达。（指向目标 5）

6. 能从自己的成长经历中选择印象最深的一件事，借助提纲，厘清思路，把重点部分写具体，做到语句通顺、内容条理，真实自然地表达自己的情感。（指向目标 6）

【学习活动】

本单元学习活动与课时安排

大任务	子任务		学习活动	核心素养	课时
举办"缤纷童年推介会"	识文本，懂真情	单元导学课	1. 正确读写生字词语，默写《四时田园杂兴》（其三十一）。 2. 概括古诗及课文的主要内容，体会作者感情。 3. 课文中的重点段落进行有感情朗读。	文化自信 语言运用 思维能力 审美创造	2
	品诗意，知童趣	精读引领课	1. 有感情地诵读古诗，借助注释、插图、联系生活等方法理解诗句，比较三首古诗在内容上的异同。 2. 圈画描写童年趣事的诗句，借助关键词语和插图想象画面，体会童真童趣。 3. 灵活运用图文结合的方式呈现想象到的画面内容，并选择一首诗，把诗的内容改写成小短文。	语言运用 思维能力	2
	忆园子，悟表达		1. 聚焦描写景物的抒情化语言，体会作者表达的思想感情。 2. 借助课文插图，融入想象，学习作者借助具体事例抒发感情的方法，体会课文的思想感情。 3. 借助"阅读链接"深入体会美好与伤感交织的思想感情。	语言运用 思维能力	1

续表

大任务	子任务		学习活动	核心素养	课时
	悟乡情，比异同	略读实践课	1.借助表格等形式梳理课文内容，学习作者借助典型事例表达情感的方法。 2.联系上下文和关键词语，借助直抒胸臆的语句和运用角色自居的方法，体会课文表达的思想感情，并读出自己的独特感受。 3.体会语句通过衬托表达强烈感情的方法，并练习仿写。	语言运用 思维能力	1
			1.运用抓关键词句的方法，借助细节描写，体会作者表达的思想感情。 2.回读课文，批注关键语句，深度思考题目的含义，比较《月是故乡明》与《梅花魂》在情感表达上的异同，体悟作者深情。 3.赏析《游子吟》，交流对古诗表达感情的理解。		1
	巧整理，互分享	交流表达课	1.多角度列出访谈提纲或清单，根据需要向他人提出不同的问题，认真倾听，边交流边记录。 2.根据整理的记录有条理地讲述印象深刻的长辈童年故事，表达自己的感受。 3.在交流与分享中感受身边人与自己不同的童年，体会童年的不同滋味。	语言运用 思维能力	1
	真情感，乐表达		1.从自己的成长过程中选择一件印象深刻的事，把事情的经过写清楚。 2.运用直接抒发感情和细节描写等方法，将"那一刻"写生动，写具体，在细节中表达真情实感。 3.熟练修改自己的习作，并对同伴的习作提出恰当的修改建议，规范、整洁地书写习作。 4.举行"缤纷童年推介会"，根据同学的意见进一步修改习作。	语言运用 思维能力 审美创造	2

分课时设计 1—单元导学课

子任务一：识文本，懂真情

课时目标

1.运用多种识字方法认识"昼、耘"等42个生字，会写"昼、耘"等18

个生字，正确读写"蝴蝶、蜻蜓"等 10 个词语，默写《四时田园杂兴》（其三十一），养成自我检视的习惯，提高独立识字学词能力。

2. 默读课文，初步感知文本主要内容，提高梳理概括能力。

3. 有感情朗读课文中的重点段落。

评价任务

1. 运用学过的识记方法，正确识记本单元 42 个生字，会写 18 个生字，正确读写 10 个词语。默写《四时田园杂兴》（其三十一）。（指向课时目标 1）

2. 运用学过的速读方法默读课文，概括课文主要内容，体会作者的思想感情。（指向课时目标 2）

3. 有感情地朗读关键语段。（指向课时目标 3）

学习过程

任务一：正确读写字词，默写《四十田园杂兴》（其三十一）。

1.（出示古诗）自主朗读三首古诗，尝试读好节奏，读通诗句。

2. 默写《四十田园杂兴》（其三十一）。

3. 出示本单元跟童年生活有关的字词，指导朗读。

任务二：概括古诗及课文大意，体会作者感情。

1. 三首古诗的内容有什么相同之处？

3. 运用学过的概括文章主要内容的方法，说一说《祖父的园子》《月是故乡明》《梅花魂》的主要内容。

（1）《祖父的园子》主要写了＿＿＿＿＿＿＿＿和＿＿＿＿＿＿＿＿，表达了＿＿＿＿＿＿＿＿＿＿＿＿＿＿＿＿。

（2）《月是故乡明》以＿＿＿＿＿＿为线索，回忆了＿＿＿＿＿＿＿，抒发了＿＿＿＿＿＿＿＿＿＿＿＿＿。

（3）《梅花魂》一课作者回忆了＿＿＿＿＿＿＿＿，表达了＿＿＿＿＿＿。

任务三：有感情地朗读课文的重点语段。

这三篇课文都有令我们印象深刻的语句。请将在预习过程中积累的优美句段在小组内进行展示并评价。

（1）出示重点句子，谈感受，个性化朗读。

（2）评价，做批注。

课堂检测

一、根据拼音写词语。

1.fú xiǎo（_____），外祖父在园子里辛勤 gēng yún（_____），我在园子里 xiā nào（_____），一会儿 bá cǎo（_____），一会儿捉 qīng tíng（_____），一会儿捕 mà zha（_____）。

2. 小 hú dié（_____）向妈妈 chéng rèn（_____）了错误，不应该 zhòu yè（_____）不停地 xián guàng（_____）。

二、用"√"标出带点字正确的读音。

提供（gōng gòng）	倭瓜（wēi wō）	无边无垠（yín gēn）
澄澈（chéng dèng）	玷污（diàn zhàn）	烟波浩渺（mǎo miǎo）
秉性（bǐng bǐn）	撩拨（liǎo liáo）	燕园圣地（yān yàn）
风光旖旎（qí yǐ）		

分课时设计 2—精读引领课（1）

子任务二：品诗意，知童趣

课时目标

1.有感情地诵读古诗，比较三首古诗在内容上的异同，提升朗读及感悟能力。

2.借助关键词语和插图想象画面，体会童真童趣。

3.运用图文结合的方式呈现想象到的画面内容，并选择一首诗，把诗的内容改写成小短文，提高想象和表达能力。

评价任务

1.能够有感情地诵读古诗，比较三首古诗在内容上的异同。（指向课时目标1）

2.借助注释、插图、联系生活等方法理解诗句，体会童真童趣。（指向课时目标2）

3.自由选择一首古诗展开想象改写成短文。（指向课时目标3）

学习过程

任务一：诵读古诗，比较三首古诗的异同。

1.借助题目，比较《四时田园杂兴》《稚子弄冰》《村晚》三首诗内容的不同之处。

2.全班交流，比较异同。

3.借助补白，想象古诗画面，给每首古诗起一个名字。

（1）《四时田园杂兴》写的是＿＿＿＿＿（谁）＿＿＿＿＿（季节）时的＿＿＿＿＿＿场面。

（2）《稚子弄冰》写的是＿＿＿＿＿（谁）＿＿＿＿＿（季节）＿＿＿＿＿＿＿＿＿＿（干什么）。

（3）《村晚》写的是＿＿＿＿＿（谁）＿＿＿＿＿（时间）＿＿＿＿＿＿＿＿＿＿（干什么）。

任务二：运用多种方法理解诗句，想象画面，童真童趣。

1.借助注释，尝试理解诗意。

2.小组交流，将自己理解的诗意，讲给同桌听。

3.全班交流：出示诗句，说说你眼前浮现出怎样的画面，体会其中的乐趣。

任务三：选择古诗，展开想象，改写成短文。

1.自主选择一首古诗，充分发挥想象，同桌互相口头描述。

2.改写短文。

3.改写同一首古诗的同学组成小组，组内交流，评价。

4.小组选派代表全班交流。

课堂检测

一、以下解释正确的一组是（　　　　）。

昼出耘田①夜绩麻，村庄儿女②各当家。

牧童归去横牛背，短笛无腔③信口④吹。

敲成玉磬⑤穿林响，忽作玻璃⑥碎地声。

①耘田：在田间除草　②儿女：成年男女。

③腔：口腔　④信口：随口

⑤磬：一种打击乐器。⑥玻璃：一种较为透明的固体物质

A.①④⑥　　　　B.②③⑤　　　　C.①④⑤　　　　D.②③⑥

二、根据学过的古诗填空。

1.春天来了，乡村大地上一片繁忙，家中的父母在田地里不辞辛苦劳动着，就是到了晚上，依然停不下忙乱的双手，令我们想起了学过的古诗_____，_____。就是小孩子，也会帮助父母做一些力所能及的农活，令我们想起了范成大所描写的_____，_____。

2.弟弟从盆中取出冰来，用一条线从中间穿起来拎着玩，真像《稚子弄冰》中描写的_____，_____。

3.火山口公园里的池塘涨满了水，而且池中长满了碧绿的青草，夕阳西下时，山巅的落日倒映在水中，这番景色好美啊，我不禁引用了"_____，_____。"来赞美。

分课时设计 3—精读引领课（2）

子任务三：忆园子，悟表达

课时目标

1.通过品读描写景物的段落，体会作者对园子的喜爱之情。

2.借助课文插图，融入想象，从祖孙俩的活动中体会作者对祖父的爱恋。

3. 品读《呼兰河传》结尾，感受美好与伤感交织的深刻意味。

评价任务

1. 能够通过描写景物的段落，体会作者对园子深深的喜爱之情。（指向课时目标1）

2. 借助课文插图，融入想象，学习作者借助具体事例抒发感情的方法，体会课文的思想感情。（指向课时目标2）

3. 借助"阅读链接"，深入体会课文表达的思想感情。（指向课时目标3）

学习过程

任务一：默读课文1-3段、15-19段，聚焦描写景物的抒情化语言，体会作者表达的思想感情。

1. 默读课文第1-3段，圈画出园中的景物，想一想：表达了作者怎样的思想感情？ 2.指导朗读，使想象到的画面更加清晰，感受园子给"我"留下的鲜明记忆。

3. 默读课文15-19段，圈画出园中的景物，带着自己的体会读出作者的情感。

4. 小结：借助景物抒发感情。

任务二：默读课文4-14段，边读边画出"我"和祖父在园子里的活动，想想自己感受到什么。

1. 自主学习，圈点勾画。2.小组交流，感受"我"在园子中的生活快乐而自由。

3. 小结：借助具体事例抒发感情。

4. 总结体会感情的方法。

任务三：朗读《呼兰河传》结尾，体会文段蕴含的情感与课文表达的情感的不同。

1. 引入"阅读链接"，朗读品悟蕴含的情感，比较与课文表达情感的不同。

2. 思考：文中描写的各种景物蕴含的只是简单的喜悦吗？叙述园中的各种

活动，仅仅是在表达"我"对祖父的依恋和热爱吗？

3.教师点拨引领，学生再次有感情地朗读课文，感悟美好与伤感交织的深刻意味。

课堂检测

一、仿照例句的写法，用具体的情景将"饿"表现出来。

亮：太阳光芒四射，亮得使人睁不开眼睛，亮得蚯蚓不敢钻出地面来，蝙蝠不敢从黑暗的地方飞出来。

_____

_____

二、以下选项中体会课文表达感情的方法不正确的是（　　　）。

A.作者的感情不可以通过典型事例表达。

B.浓厚的感情有时候会藏在描写的人、事、景、物中。

C.有感情地朗读能加深对课文思想感情的体会。

分课时设计 4—略读实践课（1）

子任务四：悟乡情，比异同（1）

课时目标

1.梳理作者由月亮想到的往事和经历，以及课文写了外祖父的哪几件事，体会课文表达的思想感情。

2.借助直抒胸臆的语句和运用角色自居的方法，体会课文表达的思想感情，并读出自己的独特感受。

3.体会语句通过衬托表达强烈感情的方法，并练习仿写，提高书面表达能力。

评价任务

1.能借助表格等形式梳理作者由月亮想到的往事和经历，以及课文写了

外祖父的哪几件事，学习作者借助典型事例表达情感的方法。（指向课时目标 1）

2. 能联系上下文和关键词语，借助直抒胸臆的语句和运用角色自居的方法，体会课文表达的思想感情，并读出自己的独特感受。（指向课时目标 2）

3. 能体会出关键语句通过衬托表达强烈感情的方法，并练习仿写。（指向课时目标 3）

学习过程

任务一：默读《月是故乡明》《梅花魂》，借助表格等形式梳理课文内容，学习作者借助典型事例表达情感的方法。

1. 默读《月是故乡明》《梅花魂》，借助表格等形式，用简洁的语言梳理作者由月亮想到的往事和经历，以及课文写了外祖父的哪几件事。

2. 再读文中的往事，思考：课文表达了怎样的思想感情？

3. 师生交流：作者借典型事例，抒发了对故乡、祖国的思念之情。

任务二：联系上下文和关键词语，借助直抒胸臆的语句和运用角色自居的方法，体会课文表达的思想感情，并读出自己的独特感受。

1. 小组合作：作者回忆往事时，抒发了哪些感受？边读边画出文中直抒胸臆的语句，做好批注，体会课文表达的思想感情。

2. 师生交流：（结合交流平台第 1 自然段）关注直接抒发感情的语句，体会课文表达的思想感情。

3. 交流其他体会课文表达思想感情的方法，（结合交流平台第 3 自然段）把自己想象成文中的主人公，设身处地体会课文表达的思想感情。

4. 有感情地朗读印象深刻的语句，读出自己的独特感受。（结合交流平台第 4 自然段）总结"有感情地朗读的双重作用"。

任务三：体会语句通过衬托表达强烈感情的方法，并练习仿写。

1. 默读《月是故乡明》第 5 自然段"在风光旖旎的瑞士莱芒湖……无论如何比不上我那心爱的小月亮"，体会作者在情感表达上的特点。

2. 师生交流：（结合词句段运用 2）了解作者通过衬托表达强烈感情的方

法，并进行仿写。

3.交流并拓展阅读关于思乡的古诗，了解寄托乡思的文学意象。

课堂检测

一、下列说法不正确的是（　　　）

A.我在读《月是故乡明》时，把自己想象成文中的"我"，体会到了作者的怀乡之情。

B.我在读到《月是故乡明》中的"我的小月亮，我永远忘不掉你"这句话时，可以体会到作者对月亮的喜爱之情。

C.我们在阅读课文时，把自己体会到的感情表达出来，会加深对课文内容和思想感情的理解。

二、体会下面句子的表达特点，再照样子写一写自己的心爱之物。

例：在风光旖旎的瑞士莱芒湖上，在无边无垠的非洲大沙漠中，在碧波万顷的大海中，在巍峨雄奇的高山上，我都看到过月亮。……对比之下，我感到这些广阔世界的大月亮，无论如何比不上我那心爱的小月亮。

_____

_____

分课时设计5—略读实践课（2）

子任务四：悟乡情，比异同（2）

课时目标

1.借助细节描写，体会作者表达的思想感情。

2.结合课文内容，深度思考题目的含义，比较《月是故乡明》与《梅花魂》在情感表达上的异同，体悟作者深情。

3.赏析《游子吟》，交流对古诗表达的感情的理解。

评价任务

1.运用抓关键词句的方法，借助细节描写，体会作者表达的思想感情。（指向课时目标1）

2.回读课文，批注关键词句，深度思考题目的含义，通过对比阅读，比较《月是故乡明》与《梅花魂》在情感表达上的异同，体悟作者深情。（指向课时目标2）

3.赏析《游子吟》，借助关键词句、联系生活等方法理解诗意，并交流对古诗表达的感情的理解。（指向课时目标3）

学习过程

任务一：运用抓关键词句的方法，借助细节描写，体会作者表达的思想感情。

1.默读《月是故乡明》中"童年趣事"和"成年经历"两部分，边读边画出文中细节描写的语句，体会课文表达的思想感情。

2.默读《梅花魂》，边读边画出描写外祖父具体言行的语句，借助细节描写，体会外祖父的感情。

3.带着自己的体会读出作者的情感。

任务二：回读课文，批注关键词句，深度思考题目的含义，比较《月是故乡明》与《梅花魂》在情感表达上的异同，体悟作者深情。

1.在理解内容、体会感情的基础上，结合课文内容，批注关键词句，交流对课文题目的理解。

2.回读课文，借助表格梳理两篇课文在情感表达方式上的相同点和不同点。

3.自主学习，交流收获。

任务三：赏析日积月累《游子吟》，借助关键词句、联系生活等方法理解诗意，并交流对古诗表达的感情的理解。

1.自读古诗，读准字音、读好节奏。

2.借助关键词句等方法，理解诗句意思并想象画面。

3.联系生活中家人对自己的疼爱和关心，说说对"谁言寸草心，报得三春晖"的理解，体会诗人表达的思想感情。

4.多种形式朗读古诗，熟读成诵。

课堂检测

一、《梅花魂》中的"魂"指的是（　　　）。

A.人的魂魄

B.特指崇高的精神：中华魂

C.花魂

二、根据课文内容填空

（1）《月是故乡明》中作者以"＿＿＿＿"为线索，回忆了＿＿＿＿＿和＿＿＿＿＿，抒发了＿＿＿＿＿＿＿＿＿＿＿之情。

（2）《梅花魂》中作者以"＿＿＿＿"为线索，回忆了作者童年时代的经历，表现了外祖父＿＿＿＿＿＿＿＿＿＿＿的深情。

（3）《游子吟》中"＿＿＿＿＿＿＿＿＿，＿＿＿＿＿＿＿＿＿。"直抒胸臆，寄托了孩子对慈母发自肺腑的爱，歌颂了母爱的伟大。

分课时设计 6—交流表达课（1）

子任务五：巧整理，互分享

课时目标

1.根据需要向别人提问，认真倾听并记录别人的回答，根据记录有条理地表达，提高语言表达能力。

2.根据整理的记录有条理地讲述印象深刻的长辈童年故事，表达自己的感受。

3. 在交流与分享中感受身边人与自己不同的童年，体会童年的不同滋味。

评价任务

1. 能够根据需要向他人提出不同的问题，认真倾听他人的回答，交流时边听边记录，能根据整理的记录有条理地表达。（指向课时目标 1）

2. 能主动整理记录的内容并有条理地表达了解到的情况和感受。（指向课时目标 2）

3. 在交流分享中体会童年的不同滋味。（指向课时目标 3）

学习过程

任务一：多角度列出访谈提纲或清单，根据需要向他人提出不同的问题，认真倾听，边交流边记录。

1. 指导列问题清单。

2. 出示边听边记录的基本技巧。

3. 能根据问题清单进行交流，并边听边记录，进行课堂演练。

任务二：根据整理的记录有条理地讲述印象深刻的长辈童年故事，表达自己的感受。

1. 选择一位长辈展开交流，根据所学列清单、做记录。

2. 引导学生将记录整理分类，对发言内容简单排序。

3. 交流汇报，表达自己的感受。

任务三：在交流与分享中感受身边人与自己不同的童年，体会童年的不同滋味。

1. 教师引导，让每位学生都有发言的机会。

2. 学生自评，找出优点与不足。

3. 同学互评，进一步增强表达的条理性。

课堂检测

一、了解交际话题，举一反三。

1. 这次口语交际的对象可以是（　　　）（多选）

A. 祖父母　　　　B. 同学　　　　C. 父母　　　　D. 邻居的叔叔阿姨

2. 根据本次口语交际话题，下列问题不恰当的一项是（　　　）

A. 你小时候家里发生过哪些难忘的事？

B. 你小时候在学校里发生过哪些有趣的事？

C. 你将来打算做什么？

D. 你小时候做过什么勇敢的事？

二、学习交际方法，判断对错。

1. 提问的时候，注意使用礼貌用语。　　　　　　　　　　　（　　　）

2. 面对提问对象，你想问什么就可以问什么，以前和将来的事情都可以随便问。　　　　　　　　　　　　　　　　　　　　　　　　（　　　）

3. 要认真、耐心地听别人讲话，一边听一边做简单的记录。　（　　　）

4. 在倾听的过程中，可以随意打断别人。　　　　　　　　　（　　　）

5. 要针对不同的对象，提出恰当的问题。　　　　　　　　　（　　　）

分课时设计7—交流表达课（2）

子任务六：真情感，乐表达

课时目标

1. 从自己的成长过程中选择一件印象深刻的事，把事情的经过写清楚。

2. 运用直接抒发感情和细节描写等方法，将"那一刻"写生动，写具体，在细节中表达真情实感。

3. 熟练修改自己的习作，并对同伴的习作提出恰当的修改建议，规范、整洁地书写习作。

4.举行"缤纷童年推介会",根据同学的意见进一步修改习作。

1.能够主动运用列提纲的方式,通过口头语言清楚表述成长中印象深刻的事。(指向课时目标1)

2.能借助直接抒发感情和细节描写等方法,描述自己内心感受变化的细节,把"那一刻"的情形表述具体。(指向课时目标2)

3.愿意主动与他人分享习作内容,积极听取他人意见,并修改习作。(指向课时目标3、4)

任务一:从自己的成长过程中选择一件印象深刻的事,把事情的经过写清楚。

1.翻阅成长相册、日记等,回忆成长经历。

2.借助三个事例,进一步理解"长大"的含义。

3.结合自身成长事例,打开思路,挖掘习作素材。

4.全班交流,在比较学习中选取自己成长过程中感受最深的一件事作为习作素材。

任务二:运用直接抒发感情和细节描写等方法,将"那一刻"写生动,写具体,在细节中表达真情实感。

1.借助列提纲的形式,回忆事情经过,理清思路。

2.围绕触动最深的"那一刻"展开交流,选取有代表性的例子,在班内展评。

3.运用直接抒发感情和细节描写等方法,将"那一刻"的情形写具体,在细节中表达真情实感。

任务三:熟练修改自己的习作,并对同伴的习作提出恰当的修改建议,规范、整洁地书写习作。

1.对照课文的写法,自主修改习作。

2. 教师选择有代表性的习作进行评改示范。

3. 小组交流，对同伴的习作提出恰当的修改建议。

4. 规范、整洁地誊写习作。

任务四：举行"缤纷童年推介会"，根据同学的意见进一步修改习作。

1. 举办"缤纷童年推介会"，分小组依据标准评选优秀作品。

2. 全班交流，针对重点评价习作。

3. 根据同学的意见进一步修改文章，体验习作的乐趣。

课堂检测

本次习作对我们提出了哪些要求？（　　　　）（多选）

A. 选取一件印象最深刻的典型事例，将触动的瞬间写具体，并抒发自己的感想。

B. 叙述时可以按照事情的发展顺序展开，详略得当。

C. 可以运用多种描写方法进行细致描写，把重点部分写具体。

D. 在描写"那一刻"的具体情形时可以在记事上多下笔墨，内心感受略写。

学后反思

1. 在本单元的学习中，你掌握了哪些体会课文表达思想感情的方法，让你的阅读更有收获？

2. 在日常生活中，如何把一件事的重点部分写具体？请你从交流表达的技巧与方法等角度进行阐述。

3. 举办"缤纷童年推介会"的过程中，你有哪些收获或者更好的建议，请于同学交流一下。

四、小学语文六下第五单元学历案

单元名称：科学精神

教材：小学语文统编教材六下

对应课时：13

【单元概览】

（一）你敢挑战吗？

科技节到了，为了了解到更多科技知识，我们不仅要广泛阅读古今中外的科普文章，还要从课本上学习辩论的方法，学习他们身上的科学探索精神。我们也来举行一次班级科技辩论会吧。

另外，班里要举行"科幻故事大王主题会"，希望你能够放飞思维，展示科幻，快来好好准备吧，老师等待你们大显身手呢！

（二）你将学哪些知识？

科幻故事大王主题会（大任务）

任务一：放飞思维
- 活动1.学习《他们那时候多有趣啊》，通过自己合理的想象，放飞思维，发表自己独特的观点。
- 活动2.拓展阅读《魔鞋》，感受想象。
- 活动3.由说到写，实践运用。

任务二：展示科幻
- 活动1.展开想象，写出奇特而又令人信服的科幻故事。
- 活动2.修改习作。
- 活动3.举办科幻故事会。

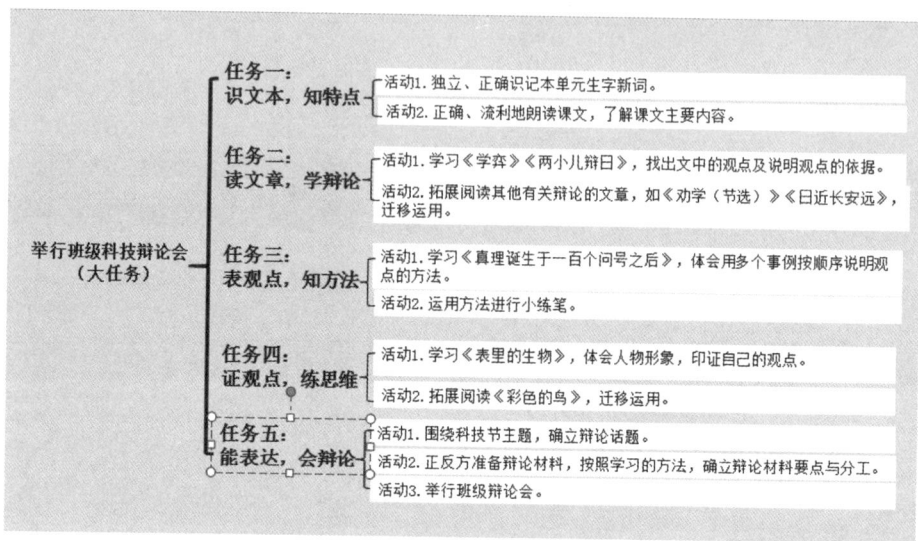

本单元学习内容与课时安排

大任务	子任务	学习活动		核心素养	课时
以"你敢挑战吗？"提供的情境为背景，召开班级科技辩论会。	识文本知特点	导读课	1. 独立、正确识记本单元生字新词。 2. 正确、流利地朗读课文，了解课文主要内容。	文化自信 语言运用	2
	读文章学辩论	阅读课	1. 学习《学弈》《两小儿辩日》，找出文中的观点及说明观点的依据。 2. 拓展阅读其他有关辩论的文章，如《劝学（节选）》《日近长安远》，迁移运用。	语言运用 思维能力	2
	表观点知方法		1. 学习《真理诞生于一百个问号之后》，体会用多个事例按顺序说明观点的方法。 2. 运用方法进行小练笔。	语言运用 思维能力	1
	证观点练思维		1. 学习《表里的生物》，体会人物形象，印证自己的观点。 2. 拓展阅读《彩色的鸟》，迁移运用。	语言运用 思维能力	1
	能表达会辩论	表达课	1. 围绕科技节主题，确立辩论话题。 2. 正反方准备辩论材料，按照学习的方法，确立辩论材料要点与分工。 3. 举行班级辩论会。	语言运用 思维能力	2

大任务	子任务		学习活动	核心素养	课时
科幻故事大王主题会	放飞思维	实践课	1. 学习《他们那时候多有趣啊》，通过自己合理的想象，放飞思维，发表自己独特的观点。 2. 拓展阅读《魔鞋》，感受想象。 3. 由说到写，实践运用。	思维能力 语言运用 审美创造	1
	展示科幻	习作课	1. 展开想象，写出奇特而又令人信服的科幻故事。 2. 修改习作。 3. 举办科幻故事会。	思维能力 语言运用 审美创造	3
其他学习内容	我的整理	整理课	1. 了解良好的学习习惯。 2. 词语理解与名人名言的引用。 3. 书法欣赏 4. 积累关于发展和创新的名言。	语言运用 审美创造 文化自信	1

（三）期望你学会什么？

1. 通过自主独立识字等方式，识记"援、俱"等 22 个生字，正确读写"司空见惯、不可思议"等 35 个词语，养成自我检视的习惯，提升自主识字学词能力。

2. 能正确、流利地朗读课文，了解课文主要内容，发展语言的概括与表达能力。

3. 学习课文，理解文中观点及依据，感受古文蕴含的道理，丰富对寓言故事的认知。

4. 学习用具体事例说明观点的方法，并能仿照课文写法，用具体事例说明观点，提升口语表达能力和迁移运用的能力。

5. 理解课文内容，能根据相关语句体会人物形象，感受探索精神，并从课文中找出相关语句印证印证自己的观点，提升语言运用素养，发展思维能力。

6. 在实践运用中，学会有针对性地搜集、整理有说服力的材料，进行辩论，发展正确有效地运用语言文字进行交流的能力，提升审美创造能力。

7.（展开想象，写出奇特而又令人信服的科幻故事。）

（四）给你支招

1.我们为什么要学习"科学发现"这一主题的文章呢？这些文章从不同角度论述了人们的所思所悟，告诉我们科学发现的机遇总是等着好奇又爱思考的人。我们不但知道要用具体事例说明自己的观点，还能学会如何进行辩论。

2.本单元的学习我们要通过精读课文的学习，体会用具体事例说明观点的方法，再结合自己的生活经验进行迁移运用，还要掌握辩论的技巧，提升自己的思辨能力。

3.本单元学习除了通过教材可习得之外，我们还可以直接从生活中习得，例如观看有趣的辩论赛，听精彩的演讲或者报告等，这些都可以作为陈述观点并用充分理由证实观点的案例资源。

分课时学历案—1

课时1名称：识文本，知特点

课时目标

1.独立、正确识记本单元生字新词。

2.正确、流利地朗读课文，了解课文主要内容。

评价任务

1.能运用多种方法独立、识记本单元的生字新词，并能理解词语。（指向目标1）

2.用默读、浏览等方法正确、流利地朗读课文，并能概括课文的主要内容。（指向目标2）

学习过程

热身：师生谈话交流，出示目标。

任务 1：（1）在课前预习的基础上自主阅读课文，自学本单元生字新词。

（2）小组合作识记难字，理解词语。

（3）听写难字，检查学习效果。

任务 2：（1）默读《学弈》《两小儿辩日》，用一两句话概括文言文的主要内容。

（2）默读《真理诞生于一百个问号之后》，说说课文的主要内容。

（3）默读《表里的生物》，说说课文讲了一件什么事。

（4）默读《他们那时候多有趣啊》，说说课文的主要内容。

课堂小结

1. 通过本课的学习，我容易写错的字有＿＿＿＿＿＿＿＿＿＿＿＿＿＿。

2. 我知道的帮助概括课文内容的方法有＿＿＿＿＿＿＿＿＿＿＿＿＿。

分课时学历案—2

课时 2 名称：读文章，学辩论

课时目标

1. 学习《学弈》《两小儿辩日》，找出文中的观点及说明观点的依据。

2. 拓展阅读其他有关辩论的文章，如《劝学（节选）》《日近长安远》，迁移运用。

评价任务

1. 能用抓关键句的方法，自主阅读《学弈》，找出作者的观点，并说明观点的依据。（指向目标 1）

2.能用抓关键句的方法，自主阅读《学奕》，找出作者的观点，并说明观点的依据。(指向目标 1)

3.用学到的方法自主学习《劝学（节选）》《日近长安远》，梳理作者观点并找出能说明观点的句子。(指向目标 2)

学习过程

热身：师生谈话交流，出示目标。

任务 1：（1）文中两人同时向奕秋学下棋，结果一样吗？从文中那句话可以看出？

（2）这是智力的原因吗？作者的观点是什么？

（3）作者认为"非然也"的依据是什么？

（4）从这个故事中，你懂得了什么？

任务 2：（1）两个小孩争辩的问题是什么？各自的观点、依据分别是什么？

（2）你们同意谁的观点？为什么？

（3）这场辩论孔子为什么"不能决也"？

（4）从这个故事中，你懂得了什么？

任务 3：（1）用学到的方法自主阅读"语文主题学习"丛书中的《劝学（节选）》和《日近长安远》，用横线画出作者的观点，用波浪线画出支持观点的依据。

课堂小结

学习了这两篇文言文，我懂了我们在理解课文内容的基础上，不仅要明确_____，
还要找到_____。

分课时学历案—3

课时 3 名称：表观点，知方法

课时目标

1. 概括文中列举的三个事例，学习用具体事例说明观点的方法。

2. 了解事例的表达顺序，联系上下文理解"真理诞生于一百个问号之后"的含义，并说出自己受到的启发。

3. 仿照课文的写法写一段话，选择一个主题，用具体事例说明观点。

评价任务

1. 阅读课文 3、4、5 自然段，用"人物 + 事件"的方法概括三个事例。（指向目标 1）

2. 借助表格，总结三个事例都是按照什么顺序来说明观点的。（指向目标 2）

3. 结合三个事例，联系上下文理解"真理诞生于一百个问号之后"的含义，并说出自己受到的启发。（指向目标 2）

4. 仿照课文的写法选择一个主题，确立观点后围绕观点选取恰当事例，事例的表达有一定顺序。（指向目标 3）

学习过程

热身：师生谈话交流，出示目标。

任务 1：阅读课文 3、4、5 自然段，用"人物 + 事件"的方法概括三个事例。

作者提出了什么观点？

（1）教师出示任务一

（2）学生根据方法提示自主阅读，梳理归纳事例内容。

（3）抓关键句，提炼观点。

（4）全班交流，师生评价。

任务2：默读课文3、4、5自然段，完成表格（根据提示用不同的符号做批注）。并借助表格总结三个事例都是按照什么顺序来说明观点的。

（1）教师出示表格。

（2）学生根据要求完成表格（作批注）。

（3）学生交流展示。

（4）教师引导学生总结表达顺序。

任务3：结合文中事例的表达顺序，联系上下文理解"真理诞生于一百个问号之后"的含义，并说出自己受到的启发（结合课文第2、6自然段）。

只要你_____，_____并_____，就能把"_____"拉直变成"_____"，找到_____。

（1）学生通过默读相关段落补白文段，互动交流，理解题目含义。

（2）学生交流收到的启发。

（3）总结、分享学习收获（表达方法）。

任务4：仿照课文的写法写一段话，用具体事例说明一个观点。如"有志者事竟成""玩也能玩出名堂"。（二选一）

（1）创设情境（习作素养展示），生自主选择事例，结合评价标准，完成练笔。

（2）全班展示交流。

（3）对照评价标准，进行自评、互评、师评。

（4）收集评价信息（得星情况），学生修改练笔。

评价内容	评价等级
确立观点	☆
围绕观点选取恰当的事例	☆
事例叙述有一定顺序。	☆

课堂小结

1.在理解课文内容的基础上，我知道了说明观点不仅要通过_____，而且知道了_____。

2.会在具体的情境中恰当运用这些方法。

分课时学历案—4

课时4名称：证观点，练思维

课时目标

1.学习《表里的生物》，体会人物形象，印证自己的观点。

2.拓展阅读《彩色的鸟》，迁移运用。

评价任务

1.能根据关键语句体会人物形象。（指向目标1）

2.能从课文中找出相关的语句印证自己的观点。（指向目标1）

3.阅读"语文主题学习"丛书中的《彩色的鸟》，体会主人公品质并找出印证自己观点的语句。（指向目标2）

学习过程

热身：师生谈话交流，出示目标。

任务1：说说文中的"我"是个怎样的孩子。

任务2：默读课文，找出相关语句，证明文中的"我"是个对事物有着强烈的好奇心、善于观察、爱思考的孩子。

任务3：（1）阅读"语文主题学习"丛书中的《彩色的鸟》，思考：文中的主人公是个怎样的孩子？

（2）找出相关语句画出来，做批注。

课堂小结

这节课我们不仅懂得了对身边不了解的事物要＿＿＿＿＿＿＿＿＿＿＿，还学会了从文中找人物的＿＿＿＿＿＿描写、＿＿＿＿＿＿＿＿描写来体会人物的品质的方法。

分课时学历案—5

课时 5 名称：能表达，会辩论

课时目标

1. 围绕科技节主题，确立辩论话题。

2. 正反方准备辩论材料，按照学习的方法，确立辩论材料要点与分工。

3. 举行班级辩论会。

评价任务

1. 能根据科技节的主题确立辩论话题。（指向目标 1）

2. 按照学习的方法，确立辩论材料要点与分工。（指向目标 2）

3. 能组织开展班级辩论会。（指向目标 3）

学习过程

热身：师生谈话交流，出示目标。

任务 1：在日常生活中，我们常常会遇到一些容易产生分歧的问题，比如有的机器人可以代替人的劳动，有的则不能。

对于这样的问题，请你确定一个辩论话题。

任务 2：抽签决定做正方还是反方，准备好辩论材料，做好辩论前的准备。

任务 3：展开辩论，练习表达。

（1）了解辩论流程。

（2）提供辩论技巧。

（3）辩论展示，学会评价。

课堂小结

通过这次辩论，你有哪些收获？

分课时学历案—6

课时6名称：放飞思维

课时目标

1.学习《他们那时候多有趣啊》，通过自己合理的想象，放飞思维，发表自己独特的观点。

2.拓展阅读《魔鞋》，感受想象。

3.由说到写，实践运用。

评价任务

1.了解文中所想象的未来的上学方式与现在的不同。（指向目标1）

2.自主阅读"语文主题丛书"中的《魔鞋》一课，了解未来的鞋和普通的鞋有什么不同。（指向目标2）

3.大胆想象未来的学习生活还有可能是什么样的？（指向目标3）

学习过程

热身：师生谈话交流，出示目标。

任务1：快速默读课文，找出在作者的想象中未来的上学方式和今天的有什么不同。

提示：小组内交流，完成表格。

任务2：自主阅读"语文主题丛书"中的《魔鞋》一课，了解未来的鞋和普通的鞋有什么不同。

提示：小组讨论，完成表格。

任务3：作者的想象受他当时的科技发展水平限制。请你想象一下，未来的学习生活还有可能是什么样的？请你展开想象写一写。

提示：要结合科技的发展来写，可以用对比的方法反着写，也可以用对话的形式写。

课堂小结

通过这节课的学习，你有哪些收获？

分课时学历案—7

课时7名称：展示科幻

课时目标

1.展开想象，写出奇特而又令人信服的科幻故事。

2.修改习作。

3.举办科幻故事会。

评价任务

1.能够写出奇特而又令人信服的科幻故事。（指向目标1）

2.跟同学互相评价对方的习作，能自主修改习作。（指向目标2）

3.能在班级内举办科幻故事会，评选"科幻故事大王"。（指向目标3）

学习过程

热身：师生谈话交流，出示目标。

任务1：写科幻故事。

（1）依照科学知识，确定习作方向。

（2）理清脉络，展开想象，体现奇特，但是又令人信服的地方。

（3）由段到篇，完成习作。

任务2：习作评价。

（1）小组内同伴互评，重点看对方是否能把科幻故事写得奇特又令人信服。

（2）根据评改情况，组内选一篇优秀习作，请作者亮度展示。同时同学评价。

（3）自主修改习作。

任务 3：举办班级科幻故事会。

（1）组内讲故事比赛。

（2）每组推荐一名，到台上讲故事。

（3）用无记名投票的方式，评选"科幻故事大王"。（ ）

课堂小结

通过这节课的学习，你有哪些收获？

分课时学历案—8

课时 8 名称：我的整理

课时目标

1. 了解良好的学习习惯。

2. 词语理解与名人名言的引用。

3. 书法欣赏

4. 积累关于发展和创新的名言。

评价任务

1. 能交流自己养成的良好的学习习惯。（指向目标 1）

2. 能借助文言文里学过的字的意思去推想词语的意思。（指向目标 2）

3. 能体会引用的好处，并能在习作中运用。（指向目标 2）

4. 能鉴赏赵孟頫的书法作品。（指向目标 3）

5. 积累并运用关于发展和创新的名言。（指向目标 4）

学习过程

热身：师生谈话交流，出示目标。

任务 1：阅读交流平台，交流学习好习惯。

（1）自读"交流平台"中的内容。

（2）小组交流：良好的学习习惯有哪些？

（3）全班汇报。

任务 2：学习词句段运用 1，徐汇推想词意。

任务 3：读句子，联系课文内容体会引用的好处。自己在习作中引用过的名人名言跟同学交流。

任务 4：阅读书写提示，提升审美能力。

（1）观察范字。

（2）介绍赵孟頫。

（3）临摹书写"四步法"。

任务 5：积累创新名言，体会创新价值。

（1）自读，理解意思。

（2）语境运用。

（3）背诵。

课堂小结

通过这节课的学习，你有哪些收获？

【 单元作业与检测 】

（一）根据拼音写字词。

huā pǔ（　　　）是孩子们的乐园。一到星期天，孩子们在这里挖 qiū yǐn（　　　），sōu xún（　　　）各种虫子。有时捉到蟋蟀，会把它放到了一个 jiān yìng（　　　）的 bō li（　　　）瓶子里。它会传出 qīng cuì（　　　）的声音。声音虽然 dān diào（　　　），但孩子们丝毫不觉得

wú liáo（　　　　），对"会叫"的瓶子爱不释手。

2. 我不喜欢接受别人的 yuán zhù（　　　　），只希望能够独立在自己擅长的 lǐng yù（　　　　）里深入探究。

（二）选择填空。

1. 给下面加点字选择正确的读音。

（1）华罗庚（A.huá　B.huà）　　（2）锲（A.qì　B.qiè）而不舍

（3）盆钵（A.bēn　B.bō）　　　　（4）蜇（A.zhē　B.zhě）人

（5）盘盂（A.yú　B.yǔ）　　　　（6）盐碱（A.jiǎn　B.xián）

（7）鄙夷（A.yí　B.yī）　　　　（8）凸（A.tū　B.āo）出

2. 下列句子的朗读节奏划分错误的一项是（　　　　）。

A. 使弈秋 / 诲二人弈　　　　　B. 思援 / 弓缴 / 而射之

C. 为是 / 其智 / 弗若与　　　　D. 日初出 / 大如车盖，及日中 / 则如盘盂

3. 关于辩论，下列说法错误的一项是（　　　　）

A. 在收集辩论材料时，只要尽可能多的搜集能证明自己观点的材料即可，反驳对方观点的材料无须搜集。

B. 选择的事例要有说服力，可以引用名人名言。

C. 根据观点对材料进行梳理、归纳。如果材料很多，可以把要点记在卡片上。

D. 对方陈述时，要注意倾听，抓住对方的漏洞。

4. 下列加点字的意思不相同的一项是（　　　　）

A. 及其日中如探汤　赴汤蹈火　　　B. 虽与之俱学　声泪俱下

C. 孔子不能决也　犹豫不决　　　　D. 非然也　不以为然

5. 下列句子中加点词语运用不恰当的一项是（　　　　）

A. 我们只有锲而不舍地寻找战胜困难的方法，才能获得成功。

B. 这么司空见惯的事，大家怎么会感兴趣？

C. 考试时，审题一定要认真仔细，走马观花。

D. 只有见微知著，才有可能获得新发现。

6.右图是一位书法家的作品，这位书法家是（　　　）

A.王羲之　　　B.赵孟頫

C.柳公权　　　D.苏轼

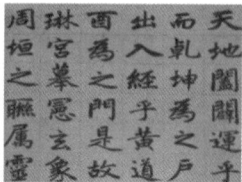

7.下列句子中运用的修辞手法判断有误的一项是（　　　）

A.深宵灯火是他的伴侣。（比喻）

B.他潜心贯注，心会神凝，成了"何妨一下楼"的主人。（引用）

C.说得真痛快，动人心，鼓壮志，气冲斗牛，声震天地！（对偶）

D.写满了密密麻麻的小楷，如群蚁排衙。（拟人）

8.关于良好的学习习惯，下列说法错误的是（　　　）

A.我现在几乎每天都要读课外书，但不读名著，因为名著比较难理解，长大了以后再读。

B.我习惯边读书边思考，用旁批或笔记把心得写下来，感觉好像在和作者聊天，同时也加深了对作品的理解。

C.我每次完成习作后都认真读几遍，看看通不通顺，有什么问题，然后用修改符号仔细修改。我越来越喜欢写作文了。

D.我碰到不懂的问题会随时向别人请教，或者去读书、查资料，琢磨解决问题的办法。勤问勤查的习惯。

9."中国古时候有个文学家叫作司马迁的说过：'人固有一死，或重于泰山，或轻于鸿毛。'"这句话中引用司马迁的话，好处是（　　　）

A.使文章辞藻华丽，激发读者阅读兴趣。

B.压缩了语言，节省文字空间。

C.体现作者的语言深度，让读者被作者的文采所折服。

D.为自己的观点提供有力的论据，增强表现力、感染力和说服力。

（三）按照要求，完成下面题目。

1.请用修改符号修改片段中的错误。（5处错误）

一万米长跑比赛非常激动，运动健儿十几名再跑道上你追我赶。他们跑得很快，所以跑得相当轻松。观众们不停地喊"加油"，都愿望本班的运动员取得好成绩。

2. 真理是诞生于一百个问号之后的。

①改为反问句:_____

②改为双重否定句:_____

3. 用"自愧弗如"写一句话。

_____

(四)日积月累。

1. "穷则变,_____,_____。"这句话告诉人们遇事不必死钻牛角,而应该懂得通融,屈伸。

2. "_____,_____,又日新。"这句话从动态角度来强调不断革新,以及由此引申而来的精神上的洗礼、品德上的修养。

3. 由"青,_____,_____"这句话,我们会联想到:老师希望自己的学生努力学习,在不久的将来能超越老师,成为栋梁之材。

4.《学弈》中,"一人虽听之,_____,思援弓缴而射之。虽与之俱学,_____。"由此我想到了只有专心致志,才能有所成就的道理。

(五)辩论会。

六年级(1)班围绕"有志者事竟成还是未必能成"展开辩论,全班同学分成正反两方,正方观点是"有志者事竟成",反方观点是"有志者事未必成",请你多方面考虑,分别站在正方和反方的角度进行辩论。

正方:我方认为"有志者事竟成"。_____

_____

_____

_____

反方:_____

_____

_____

_____

（六）阅读短文回答问题。

短文一

锯竿入城

鲁①有执②长竿入城门者，初竖执之，不可入，横执之，亦不可入，计无所出③。俄有老父④至，曰："吾非圣人⑤，但⑥见事多矣！何不以锯中截而入？"遂依而截之。世之愚⑦，莫之及也。

注释：①鲁：鲁国。②执：拿。③计无所出：想不出办法。④老父：对老年男子的尊称。⑤圣人：才智超人的人。⑥但：只是。⑦若：像。⑧此：这样。⑨不亦……乎：不是……吗。是一种委婉的反问句式。⑩愚：愚蠢。

1. 联系上下文，说说加点字的意思。（2分）

（1）初竖执之。 _____

（2）遂依而截之。 _____

2. 结合注释和阅读经验，写出下面句子的大意。（1分）

何不以锯中截而入？

_____

_____

3. 文中"老父"的话要读出怎样的语气呢？下列选项中合适的一项是（   ）（2分）

A. 疑惑，询问。　　　B. 嘲笑，疑问。业　　　C. 自作聪明，反问。

4. 判断下列说法的对错，对的打"V"，错的打"X"。（3分）

（1）这则笑话告诉我们遇到任何事都要学会变通，思维要灵活。（   ）

（2）文中的"老父"不仅聪明，而且助人为乐。（   ）

（3）"世之愚，莫之及也"的意思是"世上没有比这更愚蠢的事了"。（   ）

5. 结合文章内容，说说"执竿入城"的故事给你什么启示。（2分）

_____

_____

_____

_____

（七）习作。

当下科技发展日新月异，人工智能、太空探索、"云"技术、自动驾驶等新技术层出不穷，请发挥想象畅想下，未来的生活是什么样的？以"未来的_____"为题，写一篇科幻故事，不少于450字。

学后反思

1.在本单元的学习中，你掌握了哪些说明观点的方法，让你的阅读更有收获？

2.学习本单元，你最大的收获是什么？请从说明方法的理解与运用、交流表达的技巧与方法等角度进行阐述。

3.在开展班级科技辩论赛的过程中，你有哪些收获或者更好的建议，请与同学交流一下。

五、小学语文一上《秋天》教学设计

【目标确定的依据】

1. 课标分析

《义务教育语文课程标准（2022 年版）》"课程目标（第一学段）"跟本节课有关的陈述有以下几点：

（1）识字与写字

喜欢学习汉字，有主动识字、写字的愿望。能准确地拼读音节，能借助汉语拼音认读汉字。能按基本的笔顺规则用硬笔写字，注意间架结构，初步感受汉字的形体美。努力养成良好的写字习惯，写字姿势正确，书写规范、端正、整洁。

（2）阅读与鉴赏

喜欢阅读，感受阅读的乐趣。学习用普通话正确、流利、有感情地朗读课文。结合上下文和生活实际了解课文中词句的意思，借助读物中的图画阅读。展开想象，感受语言的优美。

（3）表达与交流

学说普通话，逐步养成说普通话的习惯，有表达交流的自信心。

（4）梳理与探究

观察字形，体会汉字部件之间的关系。观察大自然，对周围事物有好奇心。

《秋天》一课从课程内容方面分析，属于自然主题，它的内容组织与呈现方式符合基础型学习任务群"语言文字积累与梳理"的要求。课后第 1 题和第 2 题与第一学段的"阅读与鉴赏"的目标要求相吻合，是语言运用、思维能力和审美创造的体现。课后第 1 题属于核心素养的语言运用体现，与第一学段的"表达与交流"的目标要求相吻合。同时，课后第 2 题要求说出有几个自然段，都符合第一学段学业质量的要求。

2. 教材分析

单元主题：自然

课例分析：《秋天》是一篇写景散文。课文抓住天气、树叶、天空、大雁等事物的特点，描写了秋高气爽、黄叶飘落、北雁南飞的景象，表达了作者对秋天的喜爱之情。本文语言简洁明快、亲切自然，能唤起学生对秋天的感受，激发学生对大自然的喜爱之情。

3. 学情分析

一年级的学生，对拼音认读有一定基础，《秋天》作为本册首篇阅读课文，是单字拼音认读向字词拼读连读的过渡。作为低年段学生，正确、流利地朗读课文是语文学习的重要任务。在本课学习中，要提醒学生用普通话朗读，读准字音，可采取多种方式引导学生充分朗读，通过倾听、模仿和比较，不断提高朗读能力。

【 学习目标 】

1. 能运用多种方法正确认读"秋、气"等 10 个生字和木字旁、口字旁、人字头 3 个偏旁；能够规范、端正、整洁地在田字格中书写"了、子"等生字和横撇 1 个笔画，提升独立识字、规范书写的能力。

2. 正确、流利地朗读课文。注意"一"的不同读音，提升感知文本能力。

3. 结合插图初步了解秋天的特征，知道秋天是个美丽的季节，背诵课文，提升语言素养。

【 评价任务 】

1. 能运用多种方法正确认读"秋、气"等 10 个生字和木字旁、口字旁、人字头 3 个偏旁。（指向目标 1）

2. 能规范、端正、整洁地在田字格中书写"了、人"，知道"子、大"的书写要点并能规范书写。（指向目标 1）

3.能读准字音，读出轻声、儿化等，能够连词读，不丢字、添字，能读出停顿。（指向目标2）

4.能结合课文插图、生活体验、抓关键词等方式了解秋天的特征，有感情地朗读并背诵课文。（指向目标3）

【教学活动】

情境创设

（出示秋天相关图片：黄叶飘落、北雁南飞等）一年有四季，四季不同景。秋天有独属于自己的美。

同学们，我们班要进行"我是诵读小明星"活动，今天，让我们走进活动的第一站——"秋之美"，去欣赏秋天的美景。

任务一：运用多种方法识记生字，认识人字头等3个偏旁。（检测目标1）

1.学生朗读课题，圈出课题中的生字，教师带领学生利用"加一加"的方法识记"秋"。

2.学生自由朗读课文，随文圈画不认识的生字。

3.教师出示本课二类字，指导学生用"加一加""做动作""反义词比较法""生活识字""组词语识字"等多种不同识字方法识记生字。

4.出示视频，呈现"木""人""口"变成偏旁的过程，初步知道偏旁和字义的关系。

任务二：规范书写生字，评选"书写小达人"（检测目标1）

1.出示本课生字："了、子、人、大"，请学生开火车轮流给生字组词。

2.请学生找出生字中的两对兄弟"了、子""人、大"，比较发现异同："子"比"了"多一横，"大"比"人"多一横，特别提醒新笔画横撇。

3.指导学生书写"了""人"。

（1）教师田字格板书范写，引导学生边集体说笔画名称边书空，请学生说说每个字有几笔。

（2）学生整体观察字形，教师提示书写要点。

（3）学生描红、仿写，教师提醒学生注意正确的写字姿势。（课件呈现评

价量表）

（4）反馈评价：展示优秀书写；出示问题范例，纠正；

（5）学生再练写一次。

4.“子”“大”的书写指导步骤同上，注意横略长，写在横中线上。

根据学生对学习目标的达成度，适时出示评价量表，对书写情况评价：

评价标准	评价等级	综合评定
规范（按照笔顺书写）	★	
整洁（不涂抹，纸面干净）	★	我能得到（　　）颗星
端正（笔画匀称、结构合理）	★	

5.评选书写小达人

任务三：朗读课文，读准字音，读出轻声、儿化等，评选“诵读小明星”。

（检测目标2）

1.教师范读第一自然段，学生跟读。

2.课件呈现“凉了、黄了、叶子、来了”等轻声词，通过呈现词语前后两个字的大小、深浅颜色不一，通过边读边配以轻重变化的击掌声指导学生朗读。

3.将词语放入短语中，如“天气凉了”“树叶黄了”“秋天来了”，指导学生连词读，不唱读。

4.出示带有“一”的词语，借助拼音，读准“一”的变调：

一（yí）片片　　　　　　　　一（yì）群

一（yí）会儿排成个　　　　　　“一”（yī）字

5.指名朗读课文，发现学生朗读的突出问题，教师及时予以正确的范读，纠正错误。

（1）出示词组“一片片叶子、落下来、一群大雁、往南飞”，请朗读较好的学生带领大家齐读，注意词组连读。

（2）教师出示词组所在的句子，男女生轮流齐读。

天气凉了，树叶黄了，一片片叶子从树上落下来。

一群大雁往南飞，一会儿排成个"人"字，一会儿排成个"一"字。

根据学生对学习目标的达成度，适时出示评价量表，对朗读情况评价：

评价标准	评价等级	综合评定
读准词组中"一"的变调	★	
读准句子中"一"的变调	★	我能得到（　　）颗星
正确、流利地朗读课文	★	

6. 评选"诵读小明星"

任务四：结合插图，找出秋天的特征，体会秋天的美丽，完成填空并尝试背诵课文。（检测目标3）

1.学生自由朗读课文，找出秋天来了发生的变化，根据提示交流分享。

天气：

树叶：

天空：

大雁：

秋天带给你的感受：

2.认识自然段，标出自然段。

根据课后题泡泡提示语，知道自然段的前面有两个空格，标出自然段。

3.再读课文，根据秋天的特征，理顺思路，完成填空，尝试背诵。

天气（　　　），树叶（　　　　），一片片叶子（　　　　）。

天空那么（　　　　），那么（　　　　），一群大雁（　　　　），一会儿排成个（　　　　），一会儿（　　　　）。

啊！（　　　）来了！

作业设计

将《秋天》正确、流利地背给家长听。

附：板书设计

秋天

天气　　　　了　子

树叶　　　　人　大

天空

大雁

（2022 年 10 月昌乐特师附属小学新入职教师培训示范课）

六、小学语文三上《铺满金色巴掌的水泥道》教学设计

【教学目标】

1. 识记"洼、印"等 6 个字。

2. 端正、整洁书写"铺、泥"等 13 个字, 会写"金色、水泥"等 17 个词语。

3. 初步把握文章主要内容。

4. 运用多种方法理解"明朗、凌乱"等词语的意思, 并与同学交流理解词语的方法。

5. 仿照课文或"阅读链接", 用几句话写出自己上学或放学路上看到的景色。

【教学重难点】

重点: 运用多种方法理解"明朗、凌乱"等词语的意思, 与同学交流理解词语的方法。

难点: 仿照课文或"阅读链接", 用几句话写出自己上学或放学路上看到的景色。

导入新课

导入语: 秋天的落叶是美的, 秋雨后铺满落叶的水泥道也是美的。今天, 让我们来一起学习第 5 课《铺满金色巴掌的水泥道》。

（一）初步尝试

1. 用自己的方法识记生字, 并能给它们注音。

2. 把词语写得端正、整洁。（老师指导、范写, 学生练习、订正。）

3. 我的发现

（1）读了课文，我想到了这样的一幅画：（　　）时节，"我"在上学的路上，发现铺满（　　）的（　　）真美。

（2）课文中最能体现"铺满金色巴掌的水泥道"特点的一句话是_____

（二）继续尝试

1.继续尝试一：自读1—4段，圈画出"我"去上学时看到的景象。归纳总结句子中加点词语（明朗）的理解方法。

（1）学生交流的基础上，聚焦"明朗的天空"，引导学生交流是怎么理解"明朗"的，提炼总结理解词语的方法。（找近义词、联系上文、联系下文、联系生活实际等）

啊！多么明朗的天空。

我理解这个词语的方法有：①_____②_____③_____

（2）指导朗读。

过渡语：道路两旁的法国梧桐树，掉下了一片片金黄金黄的叶子。这一片片闪着雨珠的叶子，一掉下来，便紧紧地粘在湿漉漉的水泥道上了。

2.继续尝试二：默读课文5—7段，找出难以理解的词语，并试着用前面学到的方法来理解。

（1）思考并交流：这3段话分别描写了怎样的画面？

（2）指导点拨：

①水泥道美：句型分析，指导朗读。

②落叶美：学生交流理解"熨帖""凌乱"等词语的方法，指导朗读。

每一片法国梧桐树的落叶，都像一个金色的小巴掌，熨帖地、平展地粘在水泥道上。

它们排列得并不规则，甚至有些凌乱。

3.我还能理解的词语有：_____

③心情美：师范读，指导朗读。

（三）深度尝试

1.默读"阅读链接"《自报家门》片段，进行比较阅读：同样是写上学、放学路上看到的景物，写法上的不同点和相同点各是什么。

	铺满金色巴掌的水泥道	自报家门
不同点		
相同点		

2.你在上学或放学路上看到了什么样的景色？用几句话写下来吧！

（四）总结提升

1.回顾、盘点理解难懂词语的方法。

2.运用自己积累的富有新鲜感的词句，写下生活中平凡的发现。

（五）作业超市

继续阅读主题丛书一《枫叶礼赞》第5自然段至最后的部分，遇到难理解的词语，用自己学到的理解词语的方法去理解它，跟同学交流一下，哪位同学总结的方法多。

（2018年9月昌乐县统编三年级语文教材培训会公开课用稿。今日再读，倍感当时的知识的浅薄，那时还不懂"教—学—评"一致性教学设计的撰写流程，只是按照老套路写了自己的教学设计，这是"当初的模样"。）

七、小学语文五上《将相和》教学设计

【目标确定的依据】

1. 课标分析

《义务教育语文课程标准（2022 年版）》"课程目标（第三学段）"与本节课相关的陈述有以下几点：

（1）熟练地用普通话正确、流利、有感情地朗读课文。默读有一定的速度。学习浏览，根据需要搜集信息。

（2）能联系上下文和自己的积累，推想课文中有关词句的意思，体会其表达效果。

（3）在阅读中了解文章的表达顺序，体会作者的思想感情，初步领悟文章的基本表达方法。

（4）阅读叙事性作品，能简单描述印象最深的场景、人物、细节，说出自己的喜爱、憎恶、崇敬、向往、同情等感受，受到优秀作品的感染和激励，向往和追求美好的理想。

2. 教材分析

单元主题：阅读策略

语文要素：1.学习提高阅读速度的方法。2.结合具体事例写出人物的特点。

课例分析：《将相和》是根据《史记》中《廉颇蔺相如列传》改写的历史故事。课文以秦赵两国的矛盾为背景，通过"完璧归赵""渑池会面""负荆请罪"三个故事，赞扬了蔺相如勇敢机智、不畏强暴，顾大局、识大体的可贵品质，也赞扬了廉颇勇于改过的精神。本课主要学习用"连词成句地读"的方法来提高阅读速度，把握主要内容，体会人物形象。

3.学情分析

五年级的学生，具备了一定的阅读理解能力，对于课文主要内容的理解把握难度不大，但学生进入高年级，阅读量逐渐增加，阅读速度有待提高。真正理解、感悟人物形象，品悟"和"的重要性，还是具有一定难度，需要在教师的引领下，注重联系学生的阅读和生活经验，掌握并运用"连词成句地读"的方法，进一步把握主要内容，感受人物形象。

【学习目标】

1.学习并运用"连词成句"的方法读课文，提高阅读速度。

2.抓住主要事件，把握文章内容，能用自己的话讲述"完璧归赵""渑池会面""负荆请罪"三个故事，提升感知文本和语言概括能力。

3.借助具体事例说出对廉颇、蔺相如的印象，提升把握人物形象的能力。

【评价任务】

1.能掌握并运用"连词成句地读"的方法默读课文，记录阅读时间，检测阅读效果。（指向目标1）

2.借助小标题和关键语句等，能按照起因、经过、结果的顺序讲述"完璧归赵""渑池会面""负荆请罪"三个故事。（指向目标2）

3.借助主要情节和人物表现图，梳理将相之间由"不和"到"和"的过程，厘清三个故事之间的内在联系。（指向目标2）

4.能借助具体事例，从课文中找出描写人物语言、神态、动作等语句，并进行简单批注，感知蔺相如、廉颇的人物形象特点。（指向目标3）

【教学活动】

【情境创设】

本单元我们学习的大任务是，给身边的人用文字画"漫画"。

这节课，让时光穿越到两千多年前，我们用快速阅读的方法，去读一个关于"和"的故事，认识历史人物，参加班级"最佳漫画大师"评选。

方法指导

快速默读这段话，（闪现 3 秒）检测：你一眼看到了多少内容。

> 秦国的国君历来不守信用，我怕有负赵王所托，已经让人把和氏璧送回赵国了。如果您有诚意，先把十五座城交给我国，我国马上派人把璧送来。我们怎么敢为了一块璧而得罪强大的秦国呢？

1. 你一眼看到了多少内容？
2. 根据学生回答，定格"秦国的国君历来不守信用"，生分享阅读方法。
3. 师解读"连词成句地读"。

（一）初步尝试

活动 1：用较快的速度默读课文，记录所用时间。

这篇课文一共 1600 余字，我读课文用了（　　　）分钟

（学习提示）

阅读时间

有效阅读，能读懂课文，把握课文内容。

阅读方法

尽量连词成句地读，不要一个字一个字地读。

计时开始！（课件计时器）

（学生默读，教师巡视、观察学生阅读情况，学生自己记录阅读时间）

阅读检测

1. 课文中的"将"和"相"分别是谁？（提问）
2. 课文围绕"将相和"写了哪三个故事？

（小标题形式概括）（指生板书：完璧归赵　渑池会面　负荆请罪）

（二）继续尝试

活动 2：尝试用自己的话讲述三个故事。

1. 引领学生讲述《完璧归赵》。

（1）梳理事情三要素，根据提纲，指名说。（即时性评价）

（2）（起因、经过、结果）不同颜色呈现故事内容。

小结：连词成句地读，快速找出事情的起因、经过、结果，能够迅速掌握故事的主要内容。（相机板书：连词成句）

2. 根据以上方法，指名讲述"渑池会面"的故事。（即时性评价）

3. 指名讲述"负荆请罪"。（即时性评价）

4. 经验分享：用什么阅读方法在一定时间掌握更多内容。

小结：提高阅读速度的方法——集中注意力/不懂词语不管，不停/不回读/连词成句

活动3：将相之间是怎样由"不和"到"和"的？故事之间有着怎样的关联？请你带着问题用学过的方法快速默读，借助表格图梳理自己的阅读收获。

（1）出示表格，学生根据主要情节图，抓主要事件，梳理"不和"到"和"的过程。（师记录阅读时长）

（2）指名梳理表格内容。

（3）引导学生厘清三个故事之间的关联。

小结：这三个故事既相对独立，又联系紧密。前两个故事的结果是第三个故事的起因。将、相由"不和"到"和"，表现了他们二人以国家利益为重的情怀。（相机板书：爱国）

（三）深度尝试

过渡语：如果让你给蔺相如、廉颇画"漫画"，你会突出他们的什么特点？

活动4：蔺相如、廉颇给你留下了怎样的印象？结合具体事例说一说。

（学习提示）

1. 用学过的快速阅读的方法再次默读课文，限时阅读2分钟。

2. 结合具体事例，从课文中找出描写人物语言、神态、动作的语句，并进行简单批注，感知人物形象特点。

（出示评价量表）

评价标准	评价等级	
	自评	互评
能借助具体事例感知人物形象特点	☆	☆
能根据人物的语言、神态、动作等，感知人物形象特点	☆	☆
能把内心感受有感情地读出来	☆	☆

1. 自主学习，圈点勾画关键语句。

2. 组内交流，互评。

3. 班内交流，教师精讲点拨，适时板书、评价。

版块 A：聚焦人物蔺相如

预设 1——机智勇敢

出示句子："这块璧有点儿小毛病，让我指给您看。"

出示句子：他怒发冲冠，说："我看您并不想交付十五座城。现在璧在我手里，您要是强逼我，我的脑袋就和璧一起撞碎在这柱子上！"

预设 2——顾全大局

出示句子："秦王我都不怕，我还怕廉将军吗？秦王之所以不敢进攻我们赵国，就是因为有我们两个人在。如果我们俩闹不和，就会削弱赵国的力量，秦国必然乘机来攻打我们。我之所以避着廉将军，为的是我们赵国啊！"

——（相机板书：机智勇敢　顾全大局）即时评价，相机指导朗读。

版块 B：聚焦人物廉颇

预设 1——计划周密

出示句子：廉颇带着军队送他们到边境上，做好了抵御秦军的准备。（动作）

预设 2——知错就改

出示句子：他脱下战袍，背上绑着荆条，到蔺相如门上请罪。

——（相机板书：知错就改）即时评价，相机指导朗读。

小结：我们通过快速阅读的方法，借助三个具体事例和具体描写，认识了机智勇敢、顾全大局的蔺相如和知错就改的廉颇，他们都是有大格局的人。

（四）总结提升

这节课，你收获了什么？

1. 工具性：连词成句地读

2. 人文性：借助具体事例，抓住描写人物语言、神态、动作的语句，体会人物形象特点。

【课堂检测】

下面将会出示一组句子,3秒钟后消失,请你用学过的方法速记句子内容。

> 司马迁,字子长,约公元前145年出生,夏阳(今陕西韩城南)人。太史令司马谈之子。
>
> 称号:西汉史学家、文学家、思想家。
>
> 代表作:《史记》,是中国历史上第一部纪传体通史,对后世影响极大,被鲁迅誉为"史家之绝唱,无韵之离骚"。

学生交流阅读内容收获。

小结:提高阅读速度能让我们在有限时间内把握更多的文章内容,不仅本单元学习中运用,以后的课内外阅读中不断实践。

【拓展阅读】

《将相和》是根据《史记》中的《廉颇蔺相如列传》改写的历史故事。请你课下阅读主题丛书2《人类的脚步》中《信陵君窃符救赵》,完成以下任务:

1.按照文章的记叙顺序,用自己的话说说文章的主要内容。

2.信陵君给你留下了怎样的印象?结合具体事例说一说。

阅读方法提示

1.集中注意力

2.遇到不懂得词语先不管它,继续往下读

3.不回读

4.连词成句地读

课堂总结

统计得分情况。

这节课,我们用连词成句的方法探访了将相之和。结合具体事例了解了人物特点，希望你在以后的习作中尝试运用，相信"班级漫画大师"一定有你的风采！

板书设计

知错就改　　机智勇敢　顾全大局　　　连词成句

完璧归赵　　渑池会面　　　负荆请罪

（2023 年 10 月潍坊市小学语文领军人才培养人选届满考核课例录制）

八、小学语文六上《草原》教学设计

【目标确定的依据】

1. 课标分析

《草原》一课，从内容和编排的意图上符合课程目标中第三学段的学段要求"在阅读中了解文章的表达顺序，体会作者的思想感情，初步领悟文章的基本表达方法。"课程内容中也提出了这样的要求：在阅读过程中能获取主要内容，用朗读等自己擅长的方式呈现对作品内容的理解。方面符合"文学阅读与创意表达"学习任务群的要求。课后第一题边读边想象，并读出自己的感受，在三学段学业质量中也提出了这样的要求。

2. 教材分析

《草原》是部编版六年级上册第一单元的一篇精读课文，这篇散文描绘了内蒙古大草原美丽的自然风光和浓郁的风俗民情，字里行间浸润着浓郁的草原风情。六年级上册第一单元的人文主题是"触摸自然"，阅读要素是"阅读时能从所读的内容想开去"。学习本单元旨在培养学生阅读时不仅能把握文章内容，体会思想感情，还能由课文展开联想，在深入理解课文的同时，领悟文章基本的表达方法。

3. 学情分析

六年级学生已具备了一定的阅读理解能力，大部分同学在学习课文的时候能把握文章内容，体会思想感情，但是由课文展开联想的能力有所欠缺。因此，本节课的难点一是引导学生了解了解课文在写景中融入感受的表达方法，初步体会这样写的好处；二是引导学生练习自己的生活经验想开去。六年级的学生具备独立预习能力，通过单元预习课，借助预习单学生就能掌握本课的字词，不再把字词识记的目标放在阅读理解的课时目标中。

【学习目标】

综合以上分析，制定本课第二课时学习目标：

1. 能抓住重点语句，边读边想象草原美景，学习作者在写景中融入自己感受的表达方法，并体会这样写的好处。

2. 能借助关键语句，由阅读的内容想开去，体会"蒙汉情深"的情意，增强民族团结意识。

【评价任务】

1. 默读课文第 1 自然段，能找出直接写草原美景的句子，联系上下文想象画面，感受景色的美丽。（指向目标 1）

2. 默读课文第 1 自然段，找出描写作者感受的句子，通过对比阅读、交流，学习作者在写景中融入感受的表达方法。（指向目标 1）

3. 默读课文 2-5 自然段，能圈画出体现"蒙汉情深"的语句，联想自己生活中的类似的经历，理解作者的深厚情感。（对应目标 2）

【教学活动】

情境创设

同学们，我们的校刊"跟着名家去旅行"栏目正在征稿，请你为老舍先生的散文《草原》写一段推荐语，表达自己的阅读感受，介绍文章的写作特色，引起读者的阅读期待，评选"最佳推荐语"。请大家带着这个任务，一起走进老舍先生的《草原》。

活动一：默读课文第 1 自然段，用横线画出直接写草原美景的句子，联系上下文想象画面，感受景色的美丽。

1. 自主学习，圈画批注。

2. 交流自己感觉最美的草原景色。

预设——"在天底下，一碧千里，而并不茫茫。四面都有小丘，平地是绿的，小丘也是绿的。羊群一会儿上了小丘，一会儿又下来，走在哪里都像给无边的绿毯绣上了白色的大花。那些小丘的线条是那么柔美，就像只用绿色渲染，不用墨线够了的中国画那样，到处翠色欲流，轻轻流入云际。"

（1）引导学生思考：为什么说草原"一碧千里，而并不茫茫"？

抓关键语句"四面都有小丘，平地是绿的，小丘也是绿的。"，感受一尘不染的碧绿的草原。**（板书：景美）**

（2）创设情境：播放音乐，引导学生说说从文字看到的画面，理解"渲染、勾勒、翠色欲流、流于云际"等词语的表达出的意境，丰富学生想象，感受草原之美。

（3）出示草原风光视频美景，指名学生配乐朗读，师生评价。

3. 小结过渡：阅读过程中，边读边想象，能获得美的感受。作者在写景过程中，也融入了自己的感受，你发现了吗？

活动二：再次默读课文第 1 自然段，用波浪线画出描写作者感受的句子，感受作者在写景中融入感受的表达方法。

1. 自主学习，小组交流。出示评价量表。

评价标准	评价等级
能找到描写作者感受的句子。	☆
能找出相关语句，并能说出作者在写景融入感受的好处。	☆ ☆

2. 小组汇报交流

预设——"这种境界，既使人惊叹，又叫人舒服，既愿久立四望，又想坐下低吟一首奇丽的小诗。"指导学生读出既惊叹又舒服的感觉。

（1）出示课后第二题的句子，删除描写作者感受的部分，让学生与原句对比阅读、交流，体会作者对草原的喜爱之情，发现写景时融入感受的好处。

（2）引导学生找出课文中其他类似的句子，如"那里的天比别处的更可爱，空气是那么清鲜，天空是那么明朗，使我总想高歌一曲，表达我满心的愉快。"进一步体会作者写景时不仅描写目之所看、耳之所听，更关注心灵的内在感受。

3. 小结：情因景生，景因情美，这就叫**情景交融（板书）**。这样写，一是让读者更深刻地感受草原的美丽，二是让读者有身临其境之感。

活动三：默读课文第 2—5 自然段，画出体现"蒙汉情深"的语句，联想自己生活中的类似的经历，理解作者的情感。

1. 自主学习，小组交流。出示评价量表。

评价标准	评价等级
能找到"喜迎远客""主客联欢"部分的关键语句。	☆
能找出相关语句，并能联想自己生活中的类似的经历，说出内心感受。	☆☆

2. 小组汇报交流。

预设：（1）交流"喜迎远客"部分：

——抓住关键词句"像被一阵风吹来似的""一群马""男女老少""各色的衣裳""襟飘带舞"，联系生活经验想开去，感受蒙古人民盛装迎客的情景。**（板书：情深）**

——抓住关键语句"欢呼声，车声，马蹄声，响成一片。"想开去，想象他们会欢呼什么，感受蒙古人民远道迎客的热情。

——抓住关键词"握住不放""心可是一样的"想象当时双方都在想些什么，感受主客间的深情厚谊。

预设：（2）交流"主客联欢"部分：

——抓住关键词"奶茶""奶豆腐""手抓羊肉"，感受蒙古族人民的用心待客。

——抓住关键词"唱民歌""表演套马、摔跤""表演民族舞"，感受主人真挚情意，用最高礼仪招待客人。

（3）再读诗句"蒙汉情深何忍别，天涯碧草话斜阳"体会情感。

——引导学生联系生活实际，想想生活中与亲人、好友分别的经历，回想当时的心情如何，有什么感受，进一步体会蒙汉之间深厚的情谊。

小结：联系自己的生活经验想开去，可以更好地体会作者的情感。**（板书：想开去）**

布置作业：学习了老舍的《草原》，课后请你写一段文章推荐语，参加班级"最佳推荐语"评选，优秀的可以刊登在我们的校刊上。

板书设计

草原 {
景美——情景交融

情深——想开去
}

（2023 年潍坊市"三说"比赛小学语文教学设计一等奖）

九、小学语文六上《只有一个地球》教学设计

【目标制定的依据】

1. 课标分析

《课程标准》第三学段与本课相关的内容有以下几点：

（1）识字与写字

"识字与写字"目标与内容指出：有较强的独立识字能力。硬笔书写楷书，行款整齐，力求美观。教学建议指出：识字、写字是贯串整个义务教育阶段的重要教学内容，每个学段都要指导学生写好汉字。评价建议指出：第三、四学段要重视考察学生独立识字的能力，重视书写的正确、端正、整洁。

（2）阅读

"阅读"目标与内容指出：默读有一定速度，学习浏览，根据需要搜集信息；能联系上下文推想课文中有关词句的意思，在阅读中了解文章的表达顺序。教学建议指出：阅读教学应引导学生钻研文本，在主动积极的思维和情感活动中，加深理解和体验，有所感悟和思考。评价建议指出：精读的评价，侧重考察对文章表达顺序和基本表达方法的了解领悟。

（3）综合性学习

《语文课程标准》第三学段"综合性学习"目标与内容指出：对自己身边的、大家共同关注的问题，组织讨论、专题演讲，学习辨别是非、美丑。教学建议指出：综合性学习应贴近现实生活。联系生活中的实际问题开展学习活动，在实现语文学习目标的同时，提高对自然、社会现象与问题的认识。评价建议指出：要多关注学生在语文活动中提出问题、探究问题以及展示学习活动成果的能力。

2. 教材分析

《只有一个地球》是第六单元的一篇精读课文，本单元的人文主题是"保护环境"，语文要素是"抓住关键句，把握文章的主要观点"。本文从人类生存的角度采用了列数字、举例子等多种说明方法，有力地介绍了地球的有关知识，阐明了人类生存"只有一个地球"的事实，呼吁人类应该珍惜资源，保护地球。课文层次分明、脉络清晰。前三个部分"地球美丽而渺小、自然资源有限、无法移居"和最后一个部分"保护地球"之间是因果关系。

3. 学情分析

六年级的学生，已有较强的学习生字词的能力，可放手让学生自学，教师只需指导重难点。学生在已有默读能力的基础上，能抓关键句、整体把握课文内容，能对关注的问题交流看法。学习过程中，教师需引导学生找出文中关键句，理清前后逻辑关系。

【学习目标】

在基于课程标准、教材、学情的基础上，结合布卢姆掌握学习理论关于学习目标的六个层次的要求，制定以下学习目标：

1. 识记本课生字，会写"莹、裹"等12个字，"晶莹、摇篮"等20个词语。

2. 默读课文，结合关键语句，说出课文讲了哪几个方面的内容。

3. 说出课文表达了怎样的观点，是怎样一步步说明这个观点的。

4. 结合实际，设计保护环境或节约资源的宣传语。

【评价任务】

关于学习目标的达成，大部分同学有以下4个方面的表现。个别同学达到3项要求，并在课堂上呈现出来，才能认定真正达成目标：

1. 能识记本课生字，正确、美观书写"莹、裹"等12个字，"晶莹、摇篮"等20个词语。

（设计说明：字词的识记和书写是第三学段的常规性目标，可放手学生自学，课堂上只在重难点处点拨。评价学生独立识字能力，能否正确美观书写字词，指向学习目标1。）

2.默读课文，能结合关键语句，说出课文讲了哪几个方面的内容。

（设计说明：抓关键句把握文章主要内容，在第二学段已初步学习，是第三学段常规性学习目标。学习过程中，教师需提醒学生抓关键词句提取信息。评价学生能否结合关键语句，把握文章主要内容，指向学习目标2。）

3.能说出课文表达了怎样的观点，是怎样一步步说明这个观点的。

（设计说明：抓住关键句，把握文章的主要观点，是本单元的重点目标。学习过程中，教师需引导学生落实本单元语文要素。评价学生能否结合关键语句，说出课文主要观点和怎样一步步说明观点的，指向学习目标3。）

4.能结合实际，设计保护环境或节约资源的宣传语。

（设计说明：能设计保护环境或节约资源的宣传标语，是本课的个性化学习目标。学习过程中，教师需引导学生将课文中学到的知识迁移到生活中，达到学以致用。评价宣传语是否主旨明确、语言简明，具有启发性、感染力和号召力，指向学习目标4。）

【教学活动】

导入新课：（出示地球相关图片：美丽、渺小、生物资源遭到破坏等）地球可能是宇宙数十亿行星中能提供生命进化必要条件的唯一星球。今天，我们继续学习第19课，请同学们齐读课题。

（设计意图：结合地球的相关资料导入，让学生了解地球的相关知识，激发学生学习兴趣，为落实学习目标4创设情境。）

（一）初步尝试

1.检查认读生字新词。

2.指导书写生字（重点指导"慨"）。

（1）生交流怎样书写才能做到美观大方。

（2）师范写并提示："慨"最后四笔是点、提、撇、捺。

（3）生书写练习，同桌评价。

（设计意图：通过检查学生对生字词的读音识记和生字书写，落实课程标准第三学段识字与写字要素之一：有较强的独立识字能力，硬笔书写楷书。落实本学段常规性目标，对应本课学习目标1。）

3.根据预习收获，说说课文主要写了什么。

（设计意图：学生通过课前预习，对文本内容有了一定的感知。引导学生抓住关键语句把握文章主要内容，是本单元的重点目标，是单元语文要素的有效落实。对应本课学习目标2。）

（二）继续尝试

学习任务1：默读课文，批画关键句，想想课文每一部分的主要意思。

（设计意图：学生通过默读课文，批画关键句，读懂每部分意思。评价学生抓住每一部分的关键句梳理课文层次，对应本课学习目标2。）

第一部分：师生共同梳理

1、2自然段：作者从哪两个方面描写了地球的美丽？（颜色、形状）为说明地球美丽和渺小，用了什么说明方法？（打比方、列数字、做比较）

引导学生抓关键词并板书：美丽、渺小

第二部分：学生自主批画并交流

3、4自然段：课文列举了哪些自然资源？读后你有什么感受？（引导学生关注课文中连词和副词的使用，用删词比较的方式，帮助学生认识到自然资源保护与人类生存、发展的内在关联，体会破坏自然资源的严重后果和保护资源的重要性、迫切性。）

引导学生抓关键词并板书：资源有限

第三、四部分：自主学习并交流

交流点拨：

5、6、7段：为了说明人类移居其他星球的不可能性，用了什么说明方法？（举例子）

8、9段：宇航员发出了怎样的感叹？（抓住"可爱、破碎"，联系上下文和生活实际谈谈什么是"可爱又容易破碎的"，体会保护地球的重要性，感受语言表达的生动。）

结合交流相机板书：无法移居　保护地球

学习任务 2：结合关键语句，说说课文讲了哪几个方面的内容？

学习提示：不遗漏要点　抓关键词句

师生共同梳理，小结。

（设计意图：学生通过默读课文，列出提纲，把内容连起来，就是课文的主要内容。抓住关键语句，把握文章主要内容是本学段的常规性目标，对应本课学习目标 2。）

根据学生对学习目标的达成度，对"结合关键句，说出课文讲了哪几个方面的内容"做出自我评价：

（三）深度尝试

过渡：结合课文的主要内容，想一想：课文表达了怎样的观点？

预设：我们要精心保护地球，保护地球的生态环境。

（设计意图：学生通过抓住关键句，把握文章的主要观点。对应本课学习目标 3-1：课文表达了怎样的观点？）

学习任务：再读课文，思考：课文的前三个部分和最后一个部分之间的关系是什么？

学习提示：

（1）学习方法：细读课文的每个部分，理清每个部分间的前后逻辑关系，用上恰当的关联词语说一说。

（2）学习形式：自学、小组交流

全班交流，小结。

（设计意图：学生通过阅读感悟，知道前三个部分和第四部分之间是因果关系。评价学生能否理清四个方面间的逻辑关系，对应本课学习目标 3-2：课文是怎样一步步说明这个观点的。）

根据学生对学习目标的达成度，对"理清每个部分之间的关系"组内互评：

评价标准	星级	星级综合评价 （共得几颗星）
能说出前三部分和第四部分之间是因果关系。	★★	
知道前三个部分和第四部分之间不是同类，但是说不出关系名称。	★	

（四）延展学

过渡：学生齐读最后1个自然段，加深对"保护生态环境"的认识。

学习任务：读下面的句子，你想到了生活中的哪些现象？针对这些现象设计一条保护环境或节约资源的宣传标语。

因为人们随意毁坏自然资源，不顾后果地滥用化学品，不但使它们不能再生，还造成了一系列生态灾难，给人类生存带来了严重的威胁。

学习提示：

（1）设计提示：宣传语要主旨明确、语言简明，具有启发性、感染力和号召力。

（2）学习形式：自学、小组交流

设计意图：学生通过联系生活实际，说出生活中随意毁坏资源、破坏环境的现象，并能够通过设计宣传标语呼吁人们保护地球、保护环境。对应本课学习目标4。

1.全班交流，展评。

根据学生对学习目标的达成度，对"说出生活中'随意毁坏资源或滥用化学用品'现象以及设计宣传标语"组内互评：

评价标准	星级	星级综合评价 （共得几颗星）
说出生活中随意毁坏资源现象。	★	
说出生活中滥用化学用品现象。	★	
设计的广告语主旨明确。	★	
设计的广告语语言简明。	★	
设计的广告语具有启发力、感染力和号召力。	★	

2.总结，回扣主题：善待地球是一个永恒的话题，因为我们——（齐读课题）只有一个地球。所以，我们要精心地保护地球，保护地球的生态环境！

（五）总结提升

1.学习了这一课，你有哪些收获？

（1）（人文性）保护地球，保护环境。

（2）（工具性）抓关键句，把握主要观点

（设计意图：落实本单元的人文主题和语文要素的目标达成度，对应本课学习目标2、3、4。）

2. 终结性评价

（1）自我评价：本节课得了几颗星？

（2）小组评价：本小组得了几颗星？

（3）评选优胜个人和优胜小组。

类别	星级综合评价 （共得几颗星）
优胜个人	★总评前 10 名
优胜小组	★总评前 3 名

（六）作业设计

阅读主题丛书5《大地之声》中的《森林的作用》，带着自读要求，边读边思考：

（1）这篇文章表达了怎样的观点？围绕观点讲了哪几方面的内容？

（2）文中用到了哪些说明方法？

（设计意图：根据单元人文主题选文，针对单元语文要素布置作业，是单元共性学习目标和课时个性学习目标的拓展、延伸，以求达到对语文要素的巩固和提升。）

附：板书设计

$$只有一个地球 \begin{cases} 美丽而渺小 \\ 资源有限 \\ 不能移居 \end{cases} 保护地球$$

（2022 年 12 月潍坊市小学语文教师"三说"展示评选二等奖）

十、小学语文六下《那个星期天》教学设计

【目标确定的依据】

1. 课标分析

《义务教育语文课程标准（2022 年版）》"课程目标（第三学段）"跟本节课有关的陈述有以下几点：

【阅读与鉴赏】

1. 熟练地用普通话正确、流利、有感情地朗读课文。

2. 在阅读中了解文章的表达顺序，体会作者的思想感情，初步领悟文章的基本表达方法。

【表达与交流】

养成留心观察周围事物的习惯，有意识地丰富自己的见闻，珍视个人的独特感受，积累习作素材。

《义务教育语文课程标准（2022 年版）》"课程内容（2. 发展型学习任务群之二文学阅读与创意表达）"跟本节课有关的陈述有以下几点：

观察自然、感受自然与社会，表达自己独特的体验与思考，尝试创作文学作品。

【学习内容】（第三学段）

用口头或者书面的方式表达对自然的观察与体验，抒发自己的情感。

【教学提示】

在主题情境中，开展文学阅读和创意表达活动，引导学生感受文学之美、表达自己的独特感受。

《义务教育语文课程标准（2022 年版）》"学业质量（第三学段）"跟本节

课有关的陈述有以下几点：

1.在学习中，能发现富有表现力的词句和段落，自觉记录、整理，乐于与他人分享积累的经验，并尝试在自己的表达交流中运用。

2.乐于参与讨论，敢于发表自己的意见。

3.能用文字、结构图等方式梳理作品的行文思路。

4.能发现不同类型文本的结构方式和语言特点，感受作品内容、表现形式上的不同，积极向他人推荐，并有条理地说明推荐理由。

5.能主动梳理、记录可供借鉴的语言运用实例，比较其异同，积极运用于不同类型的写作实践中。

《义务教育语文课程标准（2022年版）》"课程实施（教学建议）"跟本节课有关的陈述有以下几点：

1.教师应充分认识语文课程工具性与人文性是统一的，从培养核心素养出发，把握四个方面整体交融的特点，设定教学目标时既有所侧重，又融为一体。注意在识字与写字、阅读与鉴赏、表达与交流、梳理与探究的过程中，整体提升学生的核心素养。

2.教师要明确学习任务群的定位和功能，准确理解每个学习任务群的学习内容和教学提示。在此基础上，综合考虑教材内容和学生情况，设计不同类型的学习任务，安排连贯的语文实践活动。

3.创设学习情境，引导学生关注家庭生活、校园生活、社会生活等相关经验，增强在各种场合学语文、用语文的意识，

4.认识信息技术对学生阅读和表达交流等带来的深刻影响，把握信息技术与语文教学深度融合的趋势，充分发挥信息技术在语文教学变革中的价值和功能。

《义务教育语文课程标准（2022年版）》"课程实施（评价建议）"跟本节课有关的陈述有以下几点：

1.教师应树立教学评一体化的意识，科学选择评价方式，合理使用评价工具，妥善运用评价语言，注重鼓励学生，激发学习积极性。

2.在小组合作、汇报展示过程中，教师应提前设计评价量表，告知评价标准，引导学生合理使用评价工具，形成评价结果。

3.组织学生互相评价时，教师要对同伴评价进行再评价，提出指导意见，引导学生内化评价标准、把握评价尺度，在评价中学会评价。

2.教材分析

单元主题：真情流露（习作单元）

语文要素：1.体会文章是怎样表达情感的。2.选择合适的内容写出真情实感。

课例分析：《那个星期天》是本单元的第二篇精读课文，是史铁生的长篇小说《务虚笔记》中的一部分。课文写了一个小男孩在一个星期天里等候母亲带他出去玩的经历。一开始他既兴奋又满怀期待，后来因为母亲一拖再拖（忙碌而忘记）而焦急万分，最后因母亲没有兑现承诺而失望、委屈乃至"绝望"。课文通过大量的细节描写，细腻而生动地表现了小男孩的心理变化过程。这种情感的变化，表现在对"我"动作、内心独白的细腻描写中，还融入对具体事例及周围景物的描写中。

3.学情分析

1.六年级的学生已具备一定的自主学习能力。在已有默读、浏览课文能力的基础上，能概括文本主要内容；能运用抓关键词句、借助插图等学习方式，体会作者心情。

2.在《匆匆》一课中学习了作者直接抒发自己感情和将情感融入景物描写之中的方法。

3.本篇课文篇幅较长，场景和人物言行的转换多且快，对于学生来说，体会作者情感表达的方法稍有困难。教师要引领学生体会作者将真情实感融入事、人和景物中的间接表达感情的方法，为单元习作做准备。

【**学习目标**】

1.默读课文，在概括文章主要内容的基础上，梳理"我"心情变化的过程，感受细腻真挚的情感。

2.借助插图，圈画、批注关键词句，学习作者运用具体事例、内心独白、景物描写表达情感的方法。

3.通过对比阅读，比较本课与《匆匆》在情感表达方式上的异同，尝试运用在一定的情境中，把情感融入具体景物的方法写几句话。

【评价任务】

1.在整体把握文章主要内容及表达顺序的基础上，借助表格提示，梳理"我"心情变化的大致过程。（指向目标1）

2.能借助关键词句和插图，学习作者运用具体事例表达情感的方法。（指向目标2）

3.能通过小组合作、自学品读等学习方式，感悟作者通过内心独白、景物描写表达情感的方法。（指向目标2）

4.结合课后第三题和"交流平台"，比较本课和《匆匆》在情感表达方式上的异同。选择具体情境，就心情"好"与"不好"两种状态进行练笔。（指向目标3）

【教学活动】

情境创设，导入新课

（上学期课文《盼》插图）回顾课文人文主题情境。

生活中总有大大小小的事情，令我们期盼。这节课，我们走进史铁生笔下那个令人难忘的星期天。（板书并齐读课题）

（一）初步尝试

任务一：回顾预习，在整体把握文章内容的基础上梳理"我"心情的变化。

（检测目标1）

1.通过预习，你知道课文写了一件什么事？是按照什么顺序写的？

2.在这一天里，随着时间的推移，"我"的心情发生了怎样的变化？请你借助表格梳理一下。

时间	"我"的心情
早晨	（兴奋）
上午	（焦急）

下午	（惆怅）
黄昏	（失望）

3.交流，适时板书。

（二）继续尝试

我们从文中感受到了作者的情感变化，那作者是怎样表达情感的呢？

任务二：默读课文第 4 自然段，借助课本 47 页插图，圈画出"我"在这段时光里做的事情，感受"我"的心情并做好批注。（检测目标 2）

1.学生根据方法提示自主阅读，完成学习任务。

（根据交流提纲组织语言）

交流提纲：

通过读第 4 自然段，借助文本和插图，我知道这段话的主要意思是＿＿＿＿，作者是通过＿＿＿＿＿、＿＿＿＿、＿＿＿＿＿、＿＿＿＿＿四个事例来表现的，从中我感受到了小男孩＿＿＿＿＿的心情。

2.全班交流，师生评价。

小结：作者通过一系列具体事例写出了小男孩的焦急、孤独和无聊，这种将情感融于叙事之中的表达方法就叫作——融情于事。（板书）

任务三：默读课文，圈画关键语句，借助插图，梳理"我"的心情变化，体会作者是如何表达自己的情感的，并有感情地朗读。（检测目标 2）

（出示评价量表，学生根据交流提纲组织语言）

评价标准	评价等级	
	自评	互评
能找到表现小男孩心情的句子		
能体会出作者是如何表达情感的		
能把这种心情有感情地读出来		

交流提纲：

请大家看第＿＿＿＿自然段，我找到的句子是＿＿＿＿＿，从这些句子我感受到小男孩＿＿＿＿＿的心情，这是＿＿＿＿＿描写。我来读一读：

1.自主学习，圈点勾画重点词句（提醒重点阅读 5-7 自然段）。

2.组内交流，互评。

3.班内交流，教师精讲点拨，适时评价。

融情于人

A母亲买菜回来却又翻箱倒柜忙开了。走吧，您不是说买菜回来就走吗？好啦好啦，没看我正忙呢吗？真奇怪，该是我有理的事啊？不是吗，我不是一直在等着，母亲不是答应过了吗？整个上午我就跟在母亲腿底下：去吗？去吧，走吧，怎么还不走啊？走吧…我就这样念念叨叨地追在母亲的腿底下，看她做完一件事又去做一件事。

点拨：这样的表达是语言也是心理，两者交织在一起，直接又鲜明地表现出"我"焦急的心情。

像这样的句段，文中还有吗？

B我蹲在她身边，看着她洗。我一声不吭，盼着。我想我再不离开半步，再不把觉睡过头。我想衣服一洗完我马上拉起他就走，决不许她再耽搁。

小结：作者将语言、动作和内心独白巧妙地融合在一起，写出了小男孩焦急的心情。这种写法就叫作——融情于人。（板书）

收集评价信息。

融情于景

默读全文，找出文中关于光线的四次描写，感受"我"的心情变化并做好批注。（检测目标2）

①起床，刷牙，吃饭，那是个春天的早晨，阳光明媚。

②看着盆里揉动的衣服和绽开的泡沫，我感觉到周围的光线渐渐暗下去，渐渐地凉下去沉郁下去，越来越远越来越缥缈，我一声不吭，忽然有点儿明白了。

③我现在还能感觉到那光线漫长而急遽的变化，孤独而惆怅的黄昏的到来，并且能听得见母亲咔嚓咔嚓搓衣服的声音，那声音永无休止就像时光的脚步。那个星期天。就在那天。

④男孩儿蹲在那个又大又重的洗衣盆旁，依偎在母亲怀里，闭上眼睛不再看太阳，光线正无可挽回地消逝，一派荒凉。

1.品读上面的语句，你发现"我"的心情变化与景物的描写有什么关系？

2.根据学生选文，相机点拨，指导朗读，适时评价（生评、师评）。

①对即将到来的外出充满期待、兴奋。

②希望一点点破灭，"我"越来越伤心、惆怅。

③光线的变化其实就是"我"心情的变化，黄昏的到来暗示"我"希望破灭，心情也是孤独而惆怅的。

④失望、难过

小结：心情不同，对身边景物的感受也不同。这种把情感融入景物描写的方法就是——融情于景。（板书）

收集评价信息。

（三）深度尝试

任务四：回顾《匆匆》，比较《匆匆》和《那个星期天》在情感表达方式上的异同，并进行融情于景的小练笔。（检测目标 3）

（上节课，我们跟随朱自清的文字感受了时光匆匆。）《匆匆》和《那个星期天》都表达了真实的情感，这两篇课文在表达情感的方式上，有哪些相同点和不同点？

课文	相同点	不同点
《匆匆》		
《那个星期天》		

【延展学】

阅读"初试身手"中的两个例子，明晰表达方法。从下面的情境中选择一两个，就心情"好"与"不好"两种状态，分别写几句话。

走在小巷里　　奔跑在田野上　　弹琴　　钓鱼

（1）出示评价标准，学生结合评价标准完成练笔。

评价标准	评价等级	
	自评	互评
能结合生活经验选取一两个情境，表达心情		

能运用融情于景的方法写几句话来表达心情		
能写出 4 句以上的通顺的话来表达心情		

（2）全班展示交流，自评、互评、师评。

（3）收集评价信息，学生修改练笔。

（四）总结提升

教师引领学生总结本节课的收获（内容、方法）。

（五）作业设计

依据目标达成情况，分层布置作业。

（1）从课本 50 页"初试身手"部分提供的情境，选择另外一两个分别写几句话，表达自己不同的心情。

（2）阅读主题丛书《真情流露》中的文章《小鞋子》，梳理主人公的心情变化，体会作者表达情感的方法。

附：板书设计

那个星期天

兴奋　　　　　　　　　　　　事

焦急　　　融情于　　　　　人

惆怅　　　　　　　　　　　　景

失望

（2023 年 3 月昌乐县小学语文名师大讲堂活动讲座用稿）

十一、小学语文六下《真理诞生于一百个问号之后》教学设计

【学习目标】

（一）课标分析

《义务教育语文课程标准（2022年版）》总目标及第三学段要求中，跟本课有关的要求有以下几点：

总目标：乐于探索，勤于思考，初步掌握比较、分析、概括、推理等思维方法，辩证地思考问题，有理有据、负责任地表达自己的观点。

阅读与鉴赏：在阅读中了解文章的表达顺序，初步领悟文章的基本表达方法。

表达与交流：表达有条理，语气、语调适当。参与讨论，敢于发表自己的意见，说清自己的观点。

《义务教育语文课程标准（2022年版）》评价建议中，跟本课有关的要求有以下几点：

《义务教育语文课程标准（2022年版）》在评价建议中指出："课堂教学评价是过程性评价的主渠道。教师应树立教学评一体化的意识，科学选择评价方式，合理使用评价工具，妥善运用评价语言，注重鼓励学生，激发学习积极性。""在汇报展示过程中，教师应提前设计评价量表，告知评价标准，引导学生合理使用评价工具，合理使用评价结果。""组织学生互相评价时，教师要同伴评价进行再评价，提出指导意见，引导学生在评价中学会评价。"

（二）教材分析

单元主题：科学精神

语文要素：1.体会文章是怎样用具体事例说明观点的。2.展开想象，写科幻故事。

课例分析：课文通过科学家发现真理的三个具体事例，向我们展示了科学家是如何抓住常见的或不为人注意的现象，不断发现，反复实践探索，进而"找到真理"的。

（三）学情分析

1.六年级学生已掌握搜集资料的方法，能够围绕观点进行资料搜集和整理。

2.学生在已有默读、浏览课文能力的基础上，能抓关键句、整体把握课文内容，能对关注的问题交流看法。

3.在学习过程中，教师需引导学生关注读写之间的联系，有层次、有梯度落实本单元的语文要素。

基于课标分析、教材分析、学情分析的基础上，我们制定本课的学习目标如下：

1.概括文中列举的三个事例，学习用具体事例说明观点的方法。（语言运用）

2.了解事例的表达顺序，联系上下文理解"真理诞生于一百个问号之后"的含义，并说出自己受到的启发。

（思维能力）

3.仿照课文的写法写一段话，选择一个主题，用具体事例说明观点。（审美创造）

【评价任务】

1.阅读课文3、4、5自然段，用"人物＋事件"的方法概括三个事例。（指向目标1）

2.借助表格，总结三个事例都是按照什么顺序来说明观点的。（指向目标2）

3.结合三个事例，联系上下文理解"真理诞生于一百个问号之后"的含义，

并说出自己受到的启发。(指向目标2)

4.仿照课文的写法选择一个主题,确立观点后围绕观点选取恰当事例,事例的表达有一定顺序。(指向目标3)

【教学活动】

(一)教学环节

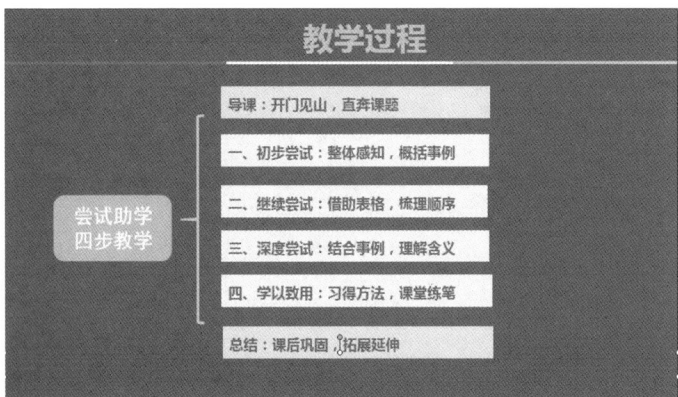

(二)教学过程

导课:开门见山,直奔课题

教师谈话,出示目标。

(出示新授课学习目标)

(设计意图:本单元运用单元整体教学,在单元预习课的基础上,通过精读课文进行精读引领课的教学。)

【初步尝试】整体感知,概括事例

任务一:阅读课文3、4、5自然段,用"人物+事件"的方法概括三个事例。作者提出了什么观点?

1.教师出示任务一

2.学生根据方法提示自主阅读,梳理归纳事例内容。

3.抓关键句,提炼观点。

4.全班交流,师生评价。

（设计意图：学生通过课前预习，对文本内容有了一定的感知。通过回顾旧知，梳理三个事例，明确主要观点，把握文章主要内容是本学段的常规性目标。对应学习目标 1。）

【继续尝试】借助表格，梳理顺序

任务二：默读课文 3、4、5 自然段，完成表格（根据提示用不同的符号做批注）。并借助表格总结三个事例都是按照什么顺序来说明观点的。

1. 教师出示表格。

2. 学生根据要求完成表格（作批注）。

3. 学生交流展示。

4. 教师引导学生总结表达顺序。

（设计意图：了解事例的表达顺序，联系上下文理解"真理诞生于一百个问号之后"的含义，并说出自己受到的启发。指向学习目标 2.）

【深度尝试】结合事例，理解含义

学习任务三：结合文中事例的表达顺序，联系上下文理解"真理诞生于一百个问号之后"的含义，并说出自己受到的启发（结合课文第 2、6 自然段）。

只要你_____，_____并_____，就能把"_____"拉直变成"_____"，找到_____。

1. 学生通过默读相关段落补白文段，互动交流，理解题目含义。

2. 学生交流收到的启发。

3. 总结、分享学习收获（表达方法）。

（设计意图：学生联系上下文理解"真理诞生于一百个问号之后"的含义，并说出自己受到的启发。指向学习目标 2。）

【学以致用】习得方法，课堂练笔

学习任务四：仿照课文的写法写一段话，用具体事例说明一个观点。如"有志者事竟成""玩也能玩出名堂"。（二选一）

1. 创设情境（习作素养展示），生自主选择事例，结合评价标准，完成练笔。

2. 全班展示交流。

3.对照评价标准，进行自评、互评、师评。

4.收集评价信息（得星情况），学生修改练笔。

评价内容	评价等级
确立观点	☆
围绕观点选取恰当的事例	☆
事例叙述有一定顺序。	☆

（设计意图：学生仿照课文的写法写一段话，选择一个主题，用具体事例说明观点，对应学习目标3）

总结：课后巩固，拓展延伸

【作业超市】

仿照课文写法，完成另一个观点的小练笔。

（设计意图：针对单元语文要素布置作业，是单元共性学习目标和课时个性学习目标的拓展、延伸，以求达到对语文要素的巩固和提升。）

【课堂评价】

真理诞生于一百个问号之后

发现现象

不断探索　　表达顺序

发现真理

【课堂评价】

学习目标起到导向引领的作用，根据学习目标去设计相应的教学活动（用任务驱动的形式完成），整个教学（学习）过程中，有相应的评价设计任务，即时性评价和终结性评价相结合，从而检测学生的目标达成度，最终达成教、学、评一致的高效成效。

（2022年7月潍坊市小学语文领军人才培养人选新课标培训会议课例展示）

十二、小学语文二上《坐井观天》教学设计

【目标确定的依据】

1. 课标分析

《义务教育语文课程标准（2022 年版）》"课程目标（第一学段）"跟本节课有关的陈述有以下几点：

①喜欢学习汉字，感受汉字的形体美，有主动识字、写字的愿望和良好的写字习惯。

②能认真听寓言故事，在阅读中积累词语，能借助读物中的图画阅读。

③注意用语气、语调和节奏表现对文本的理解和感受；

④阅读和学习浅近的寓言，对感兴趣的事件有自己的感受和想法，并乐于与他人交流。

2. 教材分析

《坐井观天》是小学语文二年级上册第五单元的第一篇课文，是一篇寓言故事。文章通过青蛙和小鸟对天的大小的争论，说明了一个深刻的道理：看问题、认知事物，站得要高，看得要全面，不能像青蛙那样犯了错误还自以为是。本课的教学重点是读好小鸟和青蛙的对话，引导学生在理解"小鸟和青蛙在争论什么"，在开展"他们的说法为什么不一样"的基础上体会故事的寓意，明理。

3. 学情分析

经过一年级的学习，二年级学生基础已经具备了良好的识字愿望，喜欢听故事，喜欢卡通的人和物，对文本有一定的概括能力，但是对事物的认识是片面的。针对学生这一特点通过多样的方法激发他们理解事物的兴趣，开

阔视野，全面的分析和看待问题。引导学生理解故事内容，体会故事寓意。

【学习目标】

1.通过运用多种识字方法认读"沿、答"等9个生字，读准多音字"哪"，会写"井、观"等8个字，会写"坐井观天、井沿"等7个词语，提高独立识字写字能力。

2.通过借助插图读课文，分角色朗读小鸟和青蛙的对话，提升语言表达能力。

3.通过梳理故事内容，明确小鸟和青蛙争论的问题，知道它们的说法不一致的原因，体会故事寓意，尝试续编故事。

【评价任务】

1.用多种方法自主识字，能规范、端正地书写生字。(指向目标1)

2.找出青蛙和小鸟的对话，读出对话中的反问和感叹等语气。(指向目标2)

3.能小组内合作分析青蛙和小鸟说法不一样的原因，体会故事寓意。(指向目标3)

4.在理解文本的基础上，尝试续编故事。(指向目标3)

【教学活动设计】

导入新课，板书课题　坐井观天　并齐读。

(一)初步尝试

任务一：自学检测反馈，注意读准字音，读通句子，把课文读流畅。在整体把握文章内容的基础上，知道它们争论什么。(检测目标1)

自学检测反馈

1. 我会读：井沿　回答　口渴　抬头　弄错　找水喝　说大话

无边无际　大得很哪　坐井观天

2.多音字：哪 nɑ 天哪

　　　　　　nǎ 哪里

　　　　　　né 哪吒

3.写一写"喝""渴"：观察田字格中一类字，想一想：如何写得正确，美观？

评价标准	评价等级	综合评定
书写规范	★	我能得到（　　）颗星
坐姿端正　握笔正确	★	
书面整洁干净	★	

4.整体感知课文：**想一想，故事的主要人物是谁？它们在争论什么？在什么地方争论的？**

（二）继续尝试

任务二：快速默读课文，找出青蛙和小鸟的对话，读出对话中的反问、感叹等语气。（检测目标2）

活动1：用"＿＿＿"画出青蛙和小鸟的对话。一问一答为一组对话的话，青蛙和小鸟总共发生了几次对话？分别对应了课文的哪几个自然段？

活动2：学习2-3自然段，体验小鸟的生活环境，理解一百多里，指导读好长句中标点的停顿，分角色读第一次对话。

过渡语：飞了一百多里，小鸟可能经过哪些地方？（学生想象）让我们也插上小鸟的翅膀，学着小鸟飞一飞，张开你的翅膀。看着提示说：飞啊飞，飞到东，飞到西，飞过雄伟的（　　　　　　），飞过宽阔的（　　　　　　），飞过美丽的（草原），飞过无垠的（沙漠）。

活动3：学习4-5自然段青蛙和小鸟的二次对话。读懂青蛙和小鸟的观点，分角色朗读，读好反文和感叹等的语气。

过度语：学到这儿，我们知道（指着板书）小鸟和青蛙在争论天有多大。小鸟认为天无边无际，青蛙认为天不过井口那么大。我们继续学习接下来的对话，看一看青蛙对天的看法改变了吗？同样的天，他们看到的却不一样，这是为什么？

（三）深度尝试

任务三：自主学习6-7自然段探究青蛙和小鸟的看法不一样的原因，借助自学提示，分组讨论交流，读出对话语气（检测目标3）

实验探究：拿出练习本，把练习本卷成圆筒。假如我们现在头顶上的天花板就是天空，用一只手遮住一只眼睛，另一只眼睛从圆筒里面看天。你发现了什么？这是为什么呢？从圆筒里面看为什么看不到其他地方？我们的视线被什么给挡住了？（圆筒的墙壁）

评价标准	评价等级	综合评定
能说出青蛙看到的天如井口大的原因	★	
能说出小鸟看到的天无边无际的原因	★	我能得到（　　）颗星
能与同伴分享交流验自己的发现	★	

交流提纲：青蛙看到的天如井口大的原因是 ＿＿＿＿＿＿＿.小鸟看到的天无边无际的原因是 ＿＿＿＿＿＿＿＿＿＿＿＿.

过渡语：假如青蛙听了小鸟的话，真的跳出了井口，青蛙会怎么说？

延展学

任务四：续编故事。展开的想象，想一想，青蛙跳出井口，他看到了什么？又会说些什么？

按句式来续编故事：青蛙听了小鸟的话，跳出井口，看见了（　　　）的天空，飘着（　　　）的云朵，（　　　）田野种着（　　　）。青蛙害羞地说："（　　　）。"

（四）总结提升

同学们，有趣的寓言故事讲完了，这节课你有什么收获呢？

（五）布置作业

1.与家人分享《坐井观天》的故事，把续编的故事讲给家人听。

2.阅读主题丛书《守株待兔》这则寓言故事，向家人分享其中的道理。

【板书设计】

（2023年7月昌乐特师附小尝试助学课堂教学能手教学设计）

（讨论：郝秀丽工作室全体成员　授课：吕香梅）

十三、小学语文三下《秋天的雨》教学设计

【目标确定的依据】

1. 课标分析

《义务教育语文课程标准（2022年版）》"课程目标（第一学段）"跟本节课有关的陈述有以下几点：

（1）会使用字典，学习使用词典，有初步的独立识字能力；练习用钢笔书写正楷字。

（2）用普通话正确、流利、有感情地朗读课文。

（3）能初步把握文章的主要内容，体会文章表达的思想感情。

（4）初步感受作品中生动的形象和优美的语言。

2. 教材分析

这是一篇抒情意味很浓的散文，名为写雨，实际在写秋天。课文的内容丰富多彩，作者抓住秋天的特点，从秋天的到来写起，写了秋天缤纷的色彩，秋天的丰收景象，还写了深秋中各种动物、植物准备过冬的情景。课文把秋雨作为一条线索，将秋天的众多景物巧妙地串起来，从整体上带出一个美丽、丰收、欢乐的秋天，使学生通过课文生动的描写，体会秋天的美好，感受课文的语言美，是编选这篇课文的主要意图，这也是本篇课文的教学重点。

3. 学情分析

三年级学生好奇心强，有一定的想象思维能力。学生对秋天的雨和秋天有一定的生活积累，但对四季景物色彩的感知还不够丰富。作为一篇抒情散文，学生在日常的学习中，对散文这种题材接触的较少，因此在学习课文，理解课文情感内容时，会有一定的难度。一二年级，对较简单的修辞手法有一定的接触，本篇课文，学生在理解课文中的修辞手法时，还有一定难度。

在教学中要通过学生自主感悟，教师适时指导，将"学习的主动权还给学生"。本课学习将通过自主朗读、合作交流、讨论探究等方式展开学习，引导学生在交流学习中感受秋天的美。

【学习目标】

1. 多种方法自主识记"钥、匙"等11个生字，会写"票、颜"等13个生字，会写"颜料、邮票"等14个词语，提升自主识字、规范书写能力。

2. 读懂课文内容，通过课文插图、视频等，了解课文从哪些方面写秋天，感受秋天的特点，根据提示背诵第二自然段，提升阅读感悟及诵读积累能力。

3. 能说出自己感兴趣的部分，感受秋天的美好，试着照样子仿写句子，提升语言表达运用能力。

【评价任务】

1. 运用多种方法识字，能准确读出词语，读出节奏感，能规范、端正、整洁地在田字格中书写生字。（指向目标1）

2. 准确流利地朗读课文，借助文章关键词句了解文章从哪几个方面描写秋天，感受秋天的美丽。借助提示语，试着背诵第二自然段。（指向目标2）

3. 借助示例，大胆想象，能仿写秋雨颜色的句子。（指向目标3）

【教学活动设计】

导入新课，板书课题。

（一）初步尝试

任务一：自学检测反馈，认读生字词，学写生字，在整体把握文章内容的基础上说出课文介绍了"秋天的雨"的哪些方面。（检测目标1）

1. 读一读：凉爽　柿子　加紧　丰收　菠萝　香甜　钥匙　颜料　喇叭　淡黄
　　　　　五彩缤纷　你挤我碰　频频点头　油亮亮

2. 写一写：怎样把田字格中的生字写漂亮？

温馨提示：观察要仔细，书写时要注意字的结构以及笔画的起笔、行笔及笔画的穿插，还要有正确的握笔姿势写字姿势，把字写得规范、端正、整洁！

3.说一说：课文是从哪几个方面写秋天的雨？

交流提纲：课文是从_____、_____、_____这三个方面来写秋天。

（二）继续尝试

过渡语：秋天的雨，是一把钥匙。它带着清凉和温柔，轻轻地，轻轻地，趁你没留意，把秋天的大门打开了。

任务二：大声朗读课文，想一想你最喜欢秋天的雨的哪个方面？结合课文里的句子说说喜欢的原因。（检测目标2）

活动1：秋雨的颜色

1.学生根据方法提示自主阅读，完成学习任务。

（根据交流提纲组织语言）

交流提纲：

通过朗读第2自然段，借助课文和插图，我找到了秋雨把颜色分给了_____的句子，我来读一读：_____。

2.全班交流，联系上下文理解"五彩缤纷"，师生评价。

3.试着根据提示语，背诵第二自然段。

活动2：秋雨的气味和声音

过渡语：秋天的雨不仅有五彩缤纷的颜色，还有很多好闻的气味呢，请同学们和同桌一起找一找秋天有哪些好闻的气味和声音吧。

1.有感情地朗读第三自然段，试着读出气味的香甜。

2.想一想：金色的小喇叭吹来了怎样的声音呢？

总结：秋天的雨为我们带来了缤纷的颜色、好闻的气味和"小喇叭"，正是这些谱写出一首丰收欢乐的歌。

（三）深度尝试

过渡语：孩子们，在你们的描述中，秋天的雨变得更美了。让我们欣赏这些美美地语言，并学着写一写！

任务三：观察并仿照例句，结合课本20页课后题，将句子填写完整。（检测目标3）

活动：句子仿写

例句：秋天的雨把黄色给了银杏树，黄黄的叶子像一把把小扇子，扇啊扇啊，扇走了夏天的炎热。

提示：作者用一句话，把银杏树叶子的颜色、形状、作用都写出来了，读来很有美感。大家来美美地读一读。

根据提示，发挥想象，把句子写完整。对照评价量表，小组互评。

评价量表：

星级评价标准	评价等级	综合评定
能想象出秋天的雨把颜色还会分给谁。	★	
能较好地想象出秋天的雨把颜色还会分给谁，能模仿课文语句仿写句子。	★★	
能准确地想象出秋天的雨把颜色还会分给谁，能准确模仿课文语句仿写句子。	★★★	

1. 秋天的雨把____给了苹果，_____苹果像_____，摇啊摇啊，摇来了秋天的丰收。

2. 秋天的雨把_____给了_____，_____像_____，_____啊_____啊，_____。

（四）总结提升

同学们，优美的短文欣赏完了，这节课你有什么收获呢？

（五）作业设计

1. 读主题丛书美好的时光第 68 页《秋雨》，继续欣赏秋天的美。

2. 仿照《秋天的雨》和《秋雨》，写一写金秋时节的校园。

【板书设计】

6. 秋天的雨

$$美\begin{cases}颜色 & 五彩缤纷 \\ 气味 & 好闻 \\ 声音 & 丰收\end{cases}$$

（2023 年 7 月昌乐特师附小尝试助学课堂教学能手教学设计）

（讨论：郝秀丽工作室全体成员 授课：崔玉颀）

十四、小学语文三下《大自然的声音》教学设计

【目标确定的依据】

1.课标分析

《义务教育语文课程标准（2022年版）》"课程目标（第一学段）"跟本节课有关的陈述有以下几点：

（1）有初步的独立识字能力，练习用钢笔书写正楷字。

（2）用普通话正确、流利、有感情地朗读课文。

（3）能初步把握文章的主要内容，体会文章表达的思想感情。

（4）初步感受作品中生动的形象和优美的语言。

2.教材分析

本文以独特的视角，丰富的联想，富有韵味的语言，将大自然中的事物比作音乐家，将它们发出的声音描绘成各种美妙生动的歌曲，体现了大自然的美丽。

3.学情分析

三年级处于一个过渡阶段，也是一个从被动学习到主动学习的转变阶段，学生已经具备简单的听说读写能力，但对课文的重点、字词句的理解还存在一定困难，所以在教学过程中，通过学生自读感悟，教师适当指导，将"学习的主动权还给学生"。本课学习将通过自主朗读、合作交流、讨论探究等方式展开学习，引导学生在交流学习中感受大自然的美妙。

【学习目标】

1.运用多种识字方法，认识"妙、奏"等7个生字，读准多音字"呢"，

会写"妙、演"等 13 个字，会写"美妙、音乐家"等 22 个词语，养成自我检视习惯，提升自助识字学词能力。

2. 借助关键词句，了解大自然的声音，提升感知文本和语言运用能力。

3. 有感情地朗读课文，背诵第 2.3 自然段，积累语言。

4. 通过课文理解体会重点词句，感受语言文字的美；想象课文在描述的声音，联系生活实际仿写大自然声音的美妙，提升书面表达能力。

【评价任务】

1. 能准确读出词语并读好词语节奏，能说出写"奏"的书写要点，规范、端正整洁的在田字格中书写生字。（指向目标 1）

2. 找出 2.3.4 的关键句，能说出课文写了大自然的哪三种声音。（指向目标 2）

3. 能运用学过的理解词句的方法，理解体会文中重点词句，感受语言文字美。（指向目标 4）

4. 能体会出作者表达的感情，并有感情地朗读、背诵。（指向目标 3）

5. 能大胆想象，说出课文描述的声音，并准确仿写出大自然声音美妙句子。（指向目标 4）

【教学过程】

激发兴趣，引入情境

同学们，大自然中有好多音乐家和歌手。今天我们一起参加它们举办的一场特殊的音乐会，它的名字是"大自然的声音"

（一）初步尝试

任务一：自学检测反馈，认读生字词，学写生字，在整体把握文章内容的基础上说出大自然有哪些美妙的声音。

活动 1：检查字词

1. 出示词语，师指导读好节奏，读出感情。

2. 指导书写。生分析字形，评价。师范写，生书空。

书写评价标准	评价等级	综合评定
书写正确（笔顺）	★	
结构规范（上大下小）	★	
美观整洁大方（间距匀称）	★	

活动 2.默读课文，说一说课大自然有哪些美妙的声音呢？（板书：风、水、动物）

小结：这三句话分别是每一自然段的中心句。

（二）继续尝试

任务二：朗读课文第二自然段，圈出相关语句，感受风的美妙。

活动 1：感受微风

风是大自然的音乐家，他会在森林里演奏不同的音乐。今天风给我们带来了两种截然不同的声音。请同学们闭上眼睛仔细听，你听见了哪两种风的声音？

（1）微风带给你什么感受呢？请用文中的词语来说一下。"呢喃细语"，是什么意思？你在哪里听到过这种呢喃细语呢？

（2）指导学生能用温柔的语气来读一读微风。指名读，评价。

女生读微风。评价。

过渡：是啊，微风是如此温柔，那狂风又是怎样的呢？

活动 2：感受狂风

出示：当狂风吹起，整座森林都激动起来，合奏出一首雄伟的乐曲，那声音充满力量，令人感受到大自然的威力。

指导学生能用充满力量的声音来读狂风。指名读、齐读、评价。

教师小结：多么有力量的声音啊，这真是一首雄伟的乐曲。你在哪里听过雄伟的乐曲呢？

活动 3：感情朗读

大自然里的风可真美妙啊，有时是轻轻柔柔的，有时是雄伟而充满力量的。男生女生合作，女生读"微风"，男生读"狂风"。

活动 4：我来挑战

根据所学的内容，尝试着把空白处填一填。挑战、评价。

小结：先读了课文，画出描写风声美妙的词语或句子，然后我们又想象了微风、狂风的画面，最后进行了本段的背诵，这是一个非常好的学习方法，以后在学习中可以用。

（三）深度尝试

任务三：朗读课文第 3 自然段，圈划相关词句，感受大自然中水声的丰富。

活动 1：小组合作学习第 3 自然段

现在，用刚才总结的方法来学习第 3 自然段段：

自学提示：

1. 请同学们自由朗读第 3 自然段；

2. 画出你认为描写水声美妙的词语或句子；

3. 结合词语或句子想象场景，并读出美感。自学任务完成后以小组为单位，互相交流自学成果，并以小组汇报的方式展示交流。

自学、小组讨论。

活动 2：汇报交流。

句子 1：滴滴答答……叮叮咚咚……所有的树林，树林里的每片树叶；所有的房子，房子的屋顶和窗户，都发出不同的声音。

我想到小雨滴落在树叶上发出滴滴答答的声音，小雨滴落在窗户上发出叮叮咚咚的声音。

句子 2：下雨的时候，他喜欢玩打击乐器。小雨滴敲敲打打，一场热闹的音乐会便开始了。

我想到的是雨滴像孩子们一样，在敲打着各种乐器，比如架子鼓啊，锣鼓啊，热闹极了。

句子 3：当小水滴汇聚起来，他们便一起唱着歌：小溪淙淙，流向河流；河流潺潺，流向大海；大海哗哗，汹涌澎湃。

星级评价标准	评价等级	综合评定
找出水声音的词语、句子	★	
联系生活，想象所描述的场景	★★	
读出水声的美妙	★★	

我感受到了水的声音由小变大。

有感情朗读，感受变化。（播放音频）

水的声音就是这样，从一首轻快的山中小曲，唱到波澜壮阔的海洋大合唱。

活动3：自学第4自然段

过渡：咱们欣赏了风之曲、水之歌，小动物歌手们早已按捺不住了。快看！他们登台了！咱们一起读一读吧！

任务四：朗读课文第4自然段，圈划拟声词，体会生动形象的动物声音。

除了他们，生活中你们还听到过哪些动物的歌声么？

他们都在用歌声告诉我们："我在歌唱，我很快乐！"我们也很快乐啊，聆听了这么多美妙的声音。

（四）总结提升

任务五：借助提示，结合课后练习题，展开丰富的想象，师生交流。

大自然音乐会让我们用心地去倾听美妙的声音。想一想：你在大自然中或者生活中，还听到哪些美妙的声音。师生交流。

在我们的现实生活中，也有很多美妙的声音，希望同学们多多发现和留意生活中的美，请选择一个你最喜欢的声音将其记录或描述出来，与大家一起分享。

（五）课后作业

1.背诵课文 2、3 自然段

2."鸟儿是大自然的歌手""厨房是一个音乐厅"……用总分的结构写一写。

【板书设计】

$$
大自然的声音 \quad \left.\begin{array}{l} 风 \\ 水 \\ 动物 \end{array}\right\} 美妙
$$

（2023 年 7 月昌乐特师附小尝试助学课堂教学能手教学设计）
（讨论：郝秀丽工作室全体成员　授课：崔成花）

十五、小学语文五上册《忆读书》教学设计

【目标确定的依据】

1. 课标分析

《义务教育语文课程标准（2022年版）》"课程目标（第三学段）"跟本节课有关的陈述有以下几点：

（1）识字与写字

有较强的独立识字能力。写字姿势正确，有良好的书写习惯。硬笔书写楷书，行款整齐，力求美观，有一定的速度。

（2）阅读与鉴赏

在阅读中了解文章的表达顺序，初步领悟文章的基本表达方法。在交流和讨论中，敢于提出看法，做出自己的判断。

（3）表达与交流

表达有条理，语气、语调适当。参与讨论，敢于发表自己的意见，说清自己的观点。

（4）梳理与探究

初步运用多种方法整理和呈现信息。

2. 教材分析

单元主题：读书明智

语文要素：1. 根据要求梳理信息，把握内容要点。2. 根据表达的需要，分段叙述，突出重点。

课例分析：本文是一篇叙事散文，作者冰心按时间顺序，回忆自己童年时期的读书经历、多年的读书经验、选书的标准以及读书的方法，表达"读书

是我生命中最大的快乐""读书好，多读书，读好书"等感悟。

3. 学情分析

1. 五年级的学生已具备一定的自主学习能力。在已有默读、浏览课文能力的基础上，能初步把握文章的主要内容。但是将语文要素（根据要求梳理信息，把握内容要点）具体化，将感性认识上升到理性认识，还需要教师的指导。

2. 根据课文内容和自己的读书体验，对作者的读书感悟和读书方法发表自己的看法，需要教师的引导。

【学习目标】

1. 用较快的速度默读课文，在概括文章主要内容的基础上，梳理出作者的读书经历，说出作者对"好书"的看法，提升整体感知文本和语言概括能力。

2. 结合自己的读书经历，交流对"我永远感到读书是我生命中最大的快乐"这句话的体会，提升语言表达能力。

3. 梳理作者的读书方法，对作者的读书方法发表自己的看法，提升思辨能力。

【评价任务】

1. 能抓关键词句直接提取信息，用相同的符号圈画同一类型的信息，用不同的形式梳理作者读书的经历。（指向目标1）

2. 能用抓关键词的方法，借助表格提示，概括总结出作者认为的好书标准。（指向目标1）

3. 能结合自己的读书经历，交流"我永远感到读书是我生命中最大的快乐"这句话的体会。（指向目标2）

4. 根据所学梳理信息的方法，梳理冰心的读书方法。并能对作者的读书方法发表自己的看法。（指向目标3）

【教学活动】

情境创设，导入新课

1. 课件出示：一本你喜爱的书就是一位朋友，也是一处你随时想去就去的故地。

2.板书并齐读课题

（一）初步尝试

1.概括课文主要内容。（时间顺序）

2.找出最能体现冰心读书感悟的一句话——我永远感到读书是我生命中最大的快乐！

（设计意图：体现课程标准第二学段"阅读与鉴赏"要求之一：能初步把握文章的主要内容。第三学段"阅读与鉴赏"要求之一：学习浏览，根据需要搜集信息。达成目标1。）

（二）继续尝试

任务一：用较快的速度默读课文，想一想：冰心回忆了自己读书的哪些经历？（检测目标1）

学习提示：

（1）根据冰心的阅读时间和阅读书目来梳理信息。（抓关键词）

（2）用相同的符号圈画同一类型的信息。

（课件出示表格：阅读时间、阅读书目，师板书时间轴）

生默读、批注，梳理信息；师巡视指导，指生板书。

根据学生板书，全班交流发言，评价。

小结：我们可以用不同的形式（时间轴、图表）梳理信息，把握课文的内容要点。

（设计意图：体现本单元语文要素之一：根据要求梳理信息，把握内容要点。达成目标1）

任务二：冰心读了这么多的书，她认为什么样的书才是好书？再次浏览课文，结合冰心的阅读感受或评价，用"＿＿"画出文中的关键词句。（检测目标1）

学习提示：抓关键词法、概括法

（课件出示表格：阅读时间、阅读书目＋好书标准？）

（1）交流找到的好书标准。（随机出示关键词，相机指导朗读）

（2）概括作者认为的好书标准。（把表格内容归纳成一句连贯的话）

小结：在好书的陪伴中，冰心有了自己真切的读书感悟——齐读！

（设计意图：体现本单元语文要素之一：根据要求梳理信息，把握内容要点。达成目标1）

任务三：结合自己的读书经历，谈谈对这句话的体会。（检测目标2）

（1）冰心收获了怎样的快乐？

（2）你从读书中得到了哪些快乐？

（设计意图：体现课程标准第三学段"阅读与鉴赏"要求之一：在阅读中体会作者的思想感情。达成目标2。）

（三）深度尝试

过渡：同学们，冰心的读书经历中还暗藏着许多的读书方法。

任务四：结合冰心的读书经历，根据刚才梳理信息的方法，用"～～～"画出冰心读书方法的关键词句。

1. 自主学习

学习提示：默读、提炼、在段落旁边做批注。

2. 小组交流

（1）课件出示表格：阅读时间、阅读书目、好书标准＋读书方法？

（2）课件出示评价量表。

评价标准	评价等级	
	自评	互评
能找到一种读书法方法。	☆	☆
能找到两种读书法方法。	☆☆	☆☆
能找到三种读书法方法。	☆☆☆	☆☆☆

3. 全班交流

（1）课件出示：第4自然段（指生读、生评价）

阅读时遇到不理解的字词，在不影响理解大致意思的前提下，是可以先跳过的。（板书：一知半解）

（2）课件出示：第7自然段（师生对读）

旧书不厌百回读，熟读深思子自知。就像冰心读《红楼梦》一样，经典

的书籍适合不同年龄段去反复地读。(板书:反复)

(3)课件出示:第9自然段语句(指生比较读、指生挑选读)

书看多了,就会挑选、比较,慢慢就会发现自己喜欢看什么书,什么书能让我们心动神移,不能自己。(板书:挑选、比较)

(设计意图:体现本单元语文要素之一:根据要求梳理信息,把握内容要点。达成学习目标3,为达成学习目标3中的"对作者的读书方法发表自己的看法"做铺垫。)

【延展学】

借助梳理的读书方法交流:对于冰心的这种一知半解的读书方法,你赞同吗?和同学讨论(出示评价量表),说明理由。

评价标准	评价等级		综合评价
	自评	互评	
能表明自己的观点。	☆	☆	
能选择恰当的材料证明自己的观点。	☆	☆	

1.小组讨论。

2.师生交流。

小结:(文言、课外、课文)根据实际情况,选择合适的读书方法。

(设计意图:体现课程标准第三学段"阅读与鉴赏"要求之一:在交流和讨论中,敢于提出看法,做出自己的判断。第三学段"表达与交流"要求之一:敢于发表自己的意见,说清自己的观点。达成学习目标3。)

(四)总结提升

1.冰心的阅读之旅就是她的成长轨迹,请同学看课文的最后两段:

师生接读——课件显示:读书好,多读书,读好书。

小结:这既是冰心奶奶对自己一生的总结,也是她对我们的期望!

这节课,你有哪些收获?

(设计意图:体现课程标准第三学段"梳理与探究"要求之一:初步运用多种方法整理和呈现信息。)

（五）作业设计

过渡：莫言图片

阅读"语文主题学习"丛书7《一缕书香》第27页的《童年读书（节选）》，用图表的形式梳理出莫言读"闲书"的经历。

（设计意图：举一反三——选择合适图示梳理莫言童年的读书经历，落实本单元语文要素。）

【板书设计】

忆读书

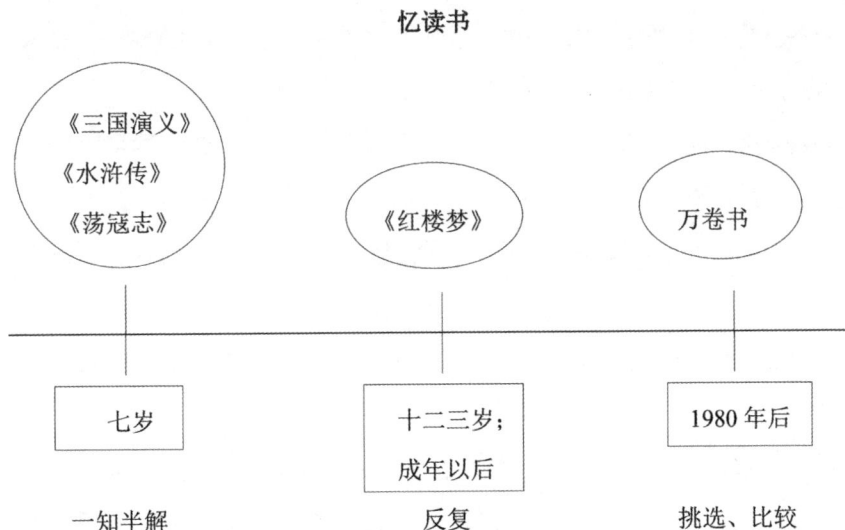

（2023年7月昌乐特师附小尝试助学课堂教学能手教学设计）

十六、小学语文六上《穷人》教学设计

【目标确定的依据】

1. 课标分析

《义务教育语文课程标准（2022年版）》"课程目标（第三学段）"跟本节课有关的陈述有以下几点：

（1）熟练地用普通话正确、流利、有感情地朗读课文。默读有一定的速度。学习浏览，根据需要搜集信息。

（2）能联系上下文和自己的积累，推想课文中有关词句的意思，体会其表达效果。

（3）在阅读中了解文章的表达顺序，体会作者的思想感情，初步领悟文章的基本表达方法。

（4）阅读叙事性作品，能简单描述印象最深的场景、人物、细节，说出自己的喜爱、憎恶、崇敬、向往、同情等感受，受到优秀作品的感染和激励，向往和追求美好的理想。

2. 教材分析

《穷人》是俄国著名作家列夫·托尔斯泰写的一篇短篇小说。小说记叙了一个寒风呼啸的夜晚，桑娜与渔夫主动收养刚刚病故的邻居西蒙的两个孤儿的故事，赞美了桑娜和渔夫在自身生活困难的情况下仍本能地向别人伸出援手的高贵品质。整篇课文以感受人物形象为主，通过留意人物的语言、动作、心理活动，关注情节和环境描写体会人物形象。文章结构严谨，层次分明；描写细腻，入情入理，真切感人。

3.学情分析

六年级的学生对小说并不陌生，已具备一定的自学感悟能力，能够初步通过语言、动作、心理来理解人物形象。但由于学生对小说还处于感性认识阶段，本文的历史背景和生活环境离学生认知经验较远并且课文篇幅较长，学生在感受人物形象方面稍有困难，需要在教师的引领下，注重联系学生的阅读和生活经验，感受情节推进和环境描写对塑造人物形象的作用，逐层加深对人物的理解，丰富学生对文本的感受，进一步感受人物形象。

【学习目标】

1.通过快速默读课文，把握课文主要内容，提升感知文本和语言概括能力。

2.通过抓住人物对话和心理活动、环境描写来体会桑娜和渔夫的人物形象，提升感受人物形象的能力。

3.通过根据提供的语境，联系课文内容描写桑娜的心理活动，提升书面表达能力。

【评价任务】

1.能快速默读课文，借助关键语句、圈画关键词等，把握课文主要内容。（指向目标1）

2.能品读人物对话，揣摩心理活动，走进人物内心，深入感受桑娜和渔夫的形象。（指向目标2）

3.能借助环境描写的语句，体会环境描写的作用，深入感受人物形象。（指向目标2）

4.能根据提供的语境，联系上下文展开合理的想象，描写桑娜的心理活动，提升书面表达能力。（指向目标3）

【教学活动】

导入新课，板书课题

1.谈话导入，揭示课题，齐读课题。

2.了解作者和写作背景。

（一）初步尝试

任务一：自学检测反馈，借助小说三要素，整体把握课文主要内容。（检测目标1）

1.课文主要讲了一件什么事？（学习提示：可以借助小说三要素——环境、人物、情节进行概括）

2.你觉得桑娜和渔夫是怎样的人？

全班交流，教师点拨、适时评价、板书。

小结：阅读小说时，抓住小说三要素，就能很快把握课文的主要内容。

（体现课程标准第二学段"阅读与鉴赏"要求之一：能初步把握文章的主要内容。第三学段"阅读与鉴赏"要求之一：阅读叙事性作品，能简单描述印象最深的场景、人物、细节，说出自己的喜爱、憎恶、崇敬、向往、同情等感受。达成目标1。）

（二）继续尝试

任务二：默读课文，从课文中找出描写人物心理活动和对话的句子，并进行简单批注，感受桑娜和渔夫的人物形象。（检测目标2）

1.学生根据方法提示自主阅读，完成学习任务。

（根据交流提纲组织语言）

交流提纲：

通过默读第_____自然段，我找到的人物（心理活动或对话）的句子是_____，从中我感受到_____。

2.全班交流，教师点拨、适时评价、板书。

3.指导学生有感情地朗读描写人物心理活动和对话的句子，感受人物的内心世界。

小结：留意人物的语言和心理活动，可以帮助我们深入地理解人物形象。

（体现课程标准第三学段"阅读与鉴赏"要求：默读有一定的速度。学习浏览，根据需要搜集信息；阅读叙事性作品，能简单描述印象最深的场景、人物、细节，说出自己的喜爱、憎恶、崇敬、向往、同情等感受。体现本单元语文要素之一：读小说，关注情节、环境，感受人物形象。达成目标2。）

（三）深度尝试

过渡：从人物的心理活动和对话描写中，我们感受到了他们可贵、动人的品质。在小说中，环境描写对刻画人物形象也有着一定的作用。

任务三：找出文中环境描写的语句，圈画关键词，体会环境描写的作用。

（检测目标2）

1. 小组交流分享：从课文中找出环境描写的句子，想一想：环境描写有什么作用？

（出示评价量表，学生根据交流提纲组织语言）

评价标准	评价等级	
	自评	互评
能找出环境描写的语句	☆	☆
能体会出环境描写的作用	☆	☆
能把内心感受有感情地读出来	☆	☆

交流提纲：

通过默读第＿＿＿自然段，我找到的环境描写的句子是＿＿＿＿＿＿＿＿，从中我感受到环境描写的作用是＿＿＿＿＿＿＿＿＿＿＿＿＿＿。我来读一读：

（1）自主学习，圈点勾画重点词句。

（2）组内交流，互评。

（3）班内交流，教师精讲点拨，适时评价、板书

全班交流环境描写：

第1自然段：屋外寒风呼啸，汹涌澎湃的海浪拍击着海岸，溅起一阵阵浪花。海上正起着风暴，外面又黑又冷，这间渔家的小屋里却温暖而舒适。地扫得干干净净，炉子里的火还没有熄，食具在搁板上闪闪发亮。挂着白色帐子的床上，五个孩子正在海风呼啸声中安静地睡着。丈夫清早驾着小船出海，这时候还没有回来。桑娜听着波涛的轰鸣和狂风的怒吼，感到心惊肉跳。

第2自然段：古老的钟发哑地敲了十下、十一下……始终不见丈夫回来。丈夫不顾惜身体，冒着寒冷和风暴出去打鱼。孩子们没有鞋穿，不论冬夏都

光着脚跑来跑去；吃的是黑面包，菜只有鱼。

第 3 自然段：海面上什么也看不见。风掀起她的围巾，卷着被刮断的什么东西敲打着邻居小屋的门。

第 7 自然段：屋子里没有生炉子，又潮湿又阴冷。她头往后仰着，冰冷发青的脸上显出死的明镜，一只苍白僵硬的手像要抓住什么似的，从稻草铺上垂下来。

第 12 自然段：门突然开了，一股清新的海风冲进屋子。

小结：层层推进的环境描写，推动了情节发展，衬托了小说人物形象。我们只有深刻感受人物的生活困境，才能深入理解桑娜和渔夫在这种困境中的言行和心理，更能体会主人公的高尚品质。穷人虽然很穷，但他们拥有善良、勤劳……

（体现课程标准第三学段"阅读与鉴赏"要求：阅读叙事性作品，能简单描述印象最深的场景、人物、细节，说出自己的喜爱、憎恶、崇敬、向往、同情等感受。能联系上下文和自己的积累，推想课文中有关词句的意思，体会其表达效果。本单元语文要素之一：读小说，关注情节、环境，感受人物形象。达成目标 2。）

延展学

过渡：在人物对话中桑娜的语言是极少的，而且还出现了两次沉默，但她内心一定是波澜起伏的。此刻，桑娜的内心独白你读懂了吗？试着写一写。

任务四：沉默中，桑娜会想些什么呢？联系课文内容，写一写桑娜的心理活动。（检测目标 3）

学习提示：联系上下文展开合理的想象，仿照第 9 自然段完成小练笔。

1.学生根据学习提示自主完成学习任务，教师巡视指导。

2.全班交流，教师点拨、师生评价。

（体现课程标准第三学段"阅读与鉴赏"要求之一：在阅读中了解文章的表达顺序，体会作者的思想感情，初步领悟文章的基本表达方法。为本单元习作要素：发挥想象，创编生活故事做铺垫。达成目标 3。）

（四）总结提升

教师引领学生总结本节课的收获。

（体现本单元语文要素之一：读小说，关注情节、环境，感受人物形象。）

（五）作业设计

阅读主题丛书《人性的光辉》中的文章《二十年以后》，运用本节课学习到的方法，分析鲍勃的人物形象。

（迁移运用：运用本节课学习到的感受人物形象的方法，分析鲍勃的人物形象，落实本单元语文要素。）

【课堂板书】

14 穷人

桑娜　　善良　　心理

渔夫　　勤劳　　语言

　　　　　　　　环境

（2023年7月昌乐特师附小尝试助学课堂教学能手教学设计）

（讨论：郝秀丽工作室全体成员　授课：孙喜静）

十七、小学语文六上《月光曲》教学设计

【目标确定的依据】

1. 课标分析

《义务教育语文课程标准（2022年版）》"课程目标（第三学段）"跟本节课有关的陈述有以下几点：

（1）识字与写字

有较强的独立识字能力。写字姿势正确，有良好的书写习惯。硬笔书写楷书，行款整齐，力求美观，有一定的速度。

（2）阅读与鉴赏

熟练地用普通话正确、流利、有感情地朗读课文。受到优秀作品的感染和激励，向往和追求美好的理想。

（3）表达与交流

表达有条理，语气、语调适当。参与讨论，敢于发表自己的意见，说清自己的观点。

（4）梳理与探究

初步运用多种方法整理和呈现信息。

2. 教材分析

单元主题：艺术之美

语文要素：1. 借助语言文字展开想象，体会艺术之美。2. 写自己的拿手好戏，把重点部分写具体。

课例分析：《月光曲》讲述了贝多芬即兴创作《月光曲》的传说故事，告诉我们美好乐曲的产生不仅来自丰富的想象力，更来自高尚而真挚的情感。

本单元的语文要素是借助语言文字展开想象，体会艺术之美。本篇课文中皮鞋匠与妹妹聆听琴声时"看"到的景象就是想象的内容，可以借助这部分内容感受乐曲的美妙的同时，很好地落实本单元"借助语言文字展开想象，感受艺术之美"的语文要素。

3. 学情分析

六年级的学生已经具备一定的欣赏能力和想象能力，但审美和品鉴能力有可能不足，需要借助一些课外资料及直观形象的视觉冲击，激发学生的想象，提升审美水平。

【学习目标】

1. 通过正确、流利朗读课文，了解贝多芬创作《月光曲》的经过，体会他在创作过程中的情感变化，感受他对兄妹俩的同情和关爱，提升整体感知文本的能力。

2. 有感情地朗读课文，充分想象课文描绘的画面，感受乐曲的美妙，训练联想和想象能力。

3. 借助提示，背诵第 9 自然段，积累语言。模仿本段内容，描述由听到的乐曲想象出的画面，品味艺术之美，并练习运用语言，提升表达能力。

【评价任务】

1. 能抓住皮鞋匠兄妹俩、皮鞋匠与贝多芬及盲姑娘与贝多芬的三次对话，设身处地理解人物内心情感，产生共情，从而体会贝多芬的情感变化及创作激情。（指向目标 1）

2. 能借助关键句段，了解乐曲的优美意境需要靠联想和想象；能通过朗读语调的变化体现乐曲的悠长舒缓与高昂激越。（指向目标 2）

3. 熟读成诵，积累语言，并在由优美乐曲产生的联想和想象中，描述画面。（指向目标 3）

【教学活动】

情境创设，导入新课

（课件：介绍贝多芬——我的音乐只当为穷人造福。如果我做到这点该是多么幸福。他为人类留下了永恒的音乐遗产，对世界音乐的发展产生了巨大的影响，被尊称为"乐圣"。）

板书课题，齐读课题并谈一谈由课题想到了什么。

（一）初步尝试，自学反馈

课文围绕月光曲讲了一件什么事？（用"人物＋事件"的方法概括主要内容）

（设计意图：根据课程标准第二学段"阅读与鉴赏"要求之一"能初步把握文章的主要内容"，第三学段"阅读与鉴赏"要求之一"学习浏览，根据需要搜集信息"，提供方法，达成训练目标。）

（二）继续尝试，品读感悟

任务一：贝多芬为什么弹琴给盲姑娘听，为什么弹完一曲又弹一曲？默读课文第 2-7 自然段，用横线画出词句并想想理由。（学习目标 1）

1. 学习提示：

抓住皮鞋匠兄妹俩、皮鞋匠与贝多芬及盲姑娘与贝多芬的三次对话，设身处地理解人物内心情感，产生共情。

2. 教师与三名同学共述故事，引导学生体会贝多芬的情感变化及创作激情。

3. 小结：都说知音难觅，贝多芬没有想到在这个小镇上，在这个破旧的茅屋里却有对音乐如此热爱甚至是痴迷的盲姑娘，他深深地触动了，贝多芬遇到了他的知音，对穷兄妹俩深深的同情以及他乡遇知音的喜悦激荡在贝多芬的心头，也激发了。

（设计意图：用朗读、复述等自己擅长的方式呈现对作品内容的理解。）

过渡：借着清幽的月光，音乐缓缓从琴键中流淌而出，兄妹俩听着音乐又联想到了什么呢？

任务二：请同学们默读第 9 自然段，用"〜〜〜"画出皮鞋匠的联想，用"〜〜〜"画出姑娘的联想。兄妹俩的联想中，出现了几个画面？请同学们默读第九自然段抓住关键词，给每一个画面起个小标题。（学习目标 2）

1. 学习提示：（1）抓关键词法、概括法（2）自学完成后，按照老师的交流提示进行小组交流。（交流提示：1 号：我们分享的是第____幅画面；2 号：从哪些关键词句中，我感受到了_____；3 号读出感受；4 号：请同学们评价）

2. 课件出示评价量表

评价标准	评价等级		综合评价
	自评	互评	
能准确找出皮鞋匠和妹妹的联想			
能根据文中描述，想象画面			你得了（　　　）颗星
能给想象到的画面拟一个合适的小标题			

（1）交流皮鞋匠和妹妹的联想。

（2）根据文中描述，想象画面，给想象到的画面拟一个合适的小标题，全班交流。

（3）在聆听乐曲中品味乐曲的美妙，在朗读时通过语调的变化表现乐曲的悠长舒缓及高昂激越，指导学生有感情地朗读课文。

（4）同一种音乐，不同的人听来会有不同的体验，请同学们也来当一当贝多芬的知音。大家边听边想象，把想象到的画面描述下来。写完后，在小组内读一读，评出写得好读得好的，在班内展评。

（设计意图：品味文学作品中重要的语句和富有表现力的语言，表达自己对感人情境和形象的理解与审美体验，并主动与他人分享，在文学体验活动中涵养健康向上的审美情趣。）

（三）深度尝试

过渡：琴声时而舒缓，时而激昂，让人如痴如醉，清新、梦幻的意境，优美和谐的音调，让我们不得不佩服贝多芬的技艺。

任务三：请大家在音乐声中，根据提示，试着背诵第 9 自然段。

1. 自主朗读。

2. 组内背诵。

3. 指名背诵。

【延展学】

请同学们听一听《森林狂想曲》这首曲子，展开想象，把你联想到的情景写下来。

1. 学生边听边想象，把想象的内容写下来。

2. 组内品读。

3. 指名读，师生给予鼓励。

（设计意图：学习品味作品语言、欣赏艺术形象；积累多样的情感体验，学习联想与想象。在想象中体验艺术之美，准确表达自己的独特体验，并与他人分享。）

（四）总结提升

1. 当兄妹俩还陶醉在美妙的琴声中无限遐想之时，贝多芬已飞奔回客店。他花了一夜工夫，把刚才给皮鞋匠兄妹俩弹奏的曲子——《月光曲》记录了下来。

这节课，你有哪些收获？

（设计意图：有条理地记录学习过程，运用多种方法整理和呈现信息，反馈学习体验。）

（五）作业设计

想象力会给你插上腾飞的双翅，而艺术之美可以净化我们的心灵，请同学们：

1. 课后品读"语文主题学习"丛书 6《艺术之美》第 20 页的《天鹅湖》，画出文中想象的内容，写下你的阅读体验。

2. 听一首没有歌词的乐曲，边听边想象画面，用文字描述你想象的内容。

（根据个人的学习活动时间，以上作业可选做一个或两个。）

附板书：

23. 月光曲

月亮初升

月穿微云

风卷巨浪

（2023 年 7 月昌乐特师附小尝试助学课堂教学能手教学设计）

（讨论：郝秀丽工作室全体成员　授课：刘彩霞）

十八、小学语文六上《月光曲》作业设计

《月光曲》课前预习作业

（一）自读课文，借助工具书自学生字、新词，特别要注意认读和理解下列词语（可以在词语旁作简要注释）。

传说　谱写　钢琴　幽静　茅屋　烛光　　失明　　纯熟

清幽　琴键　一缕　景象　陶醉　莱茵河　盲姑娘

断断续续　水天相接　微波粼粼　波涛汹涌

（二）课文可以分成四个部分。请根据以下提示，写出每个部分的主要内容。

1. 第一部分（第 1 自然段）＿＿＿＿＿＿＿＿＿＿＿＿＿＿＿＿＿＿＿＿＿

2. 第二部分（第 2 自然段）＿＿＿＿＿＿＿＿＿＿＿＿＿＿＿＿＿＿＿＿＿

3. 第三部分（第 3 自然段）＿＿＿＿＿＿＿＿＿＿＿＿＿＿＿＿＿＿＿＿＿

4. 第四部分（第 4 自然段）＿＿＿＿＿＿＿＿＿＿＿＿＿＿＿＿＿＿＿＿＿

（三）运用要素串联法，梳理课文的主要内容。

时间：＿＿＿＿＿＿＿＿＿＿＿＿＿＿＿＿＿＿＿＿＿＿＿＿＿＿＿＿＿＿

地点：＿＿＿＿＿＿＿＿＿＿＿＿＿＿＿＿＿＿＿＿＿＿＿＿＿＿＿＿＿＿

人物：＿＿＿＿＿＿＿＿＿＿＿＿＿＿＿＿＿＿＿＿＿＿＿＿＿＿＿＿＿＿

事件：＿＿＿＿＿＿＿＿＿＿＿＿＿＿＿＿＿＿＿＿＿＿＿＿＿＿＿＿＿＿

（四）网上搜索贝多芬的《月光曲》（《第十四号钢琴奏鸣曲》），静心聆听，感受艺术的魅力。用音符标识体现音乐节奏的变化。

（五）搜集贝多芬的相关资料（国籍、艺术成就等），写一句贝多芬与本文内容相关的名言。

＿＿＿＿＿＿＿＿＿＿＿＿＿＿＿＿＿＿＿＿＿

＿＿＿＿＿＿＿＿＿＿＿＿＿＿＿＿＿＿＿＿＿

＿＿＿＿＿＿＿＿＿＿＿＿＿＿＿＿＿＿＿＿＿

（六）反复朗读第9自然段（有能力的同学可配乐朗读），想象描绘的画面，感受乐曲的美妙。

《月光曲》随堂练习作业

（七）根据语境写词语。

máo wū　　　　　　　　　　gāng qín

（　　）里，那位著名的音乐家走到（　　）跟前，开始弹奏乐曲。

qín jiàn　　　　　　máng　　　　　chún shú

当他按下（　　）时，（　　）姑娘激动地说："弹得多（　　）哇！"

táo zuì

听者都（　　）在美妙的乐曲声中。

（八）通过对话描写，感受人物品质。

1.用"＝＝＝"划出兄妹俩的对话，用"＿＿"划出皮鞋匠和贝多芬的对话，用"～～～"划出盲姑娘和贝多芬的对话。

2.把对话多读几遍，思考：从这些对话中你体会到什么？

＿＿＿＿＿＿＿＿＿＿＿＿＿＿＿＿＿＿＿＿＿

（九）课内阅读自我检测。

皮鞋匠静静地听着。他好像面对着大海，月亮正从水天相接的地方升起来。微波粼粼的海面上，霎时间洒满了银光。月亮越升越高，穿过一缕一缕轻纱似的微云。忽然，海面上刮起了大风，卷起了巨浪。被月光照得雪亮的浪花，一个连一个朝着岸边涌过来……皮鞋匠看看妹妹，月光正照在她那恬静的脸上，照着她睁得大大的眼睛。她仿佛也看到了，看到了她从来没有看到过的景象——月光照耀下的波涛汹涌的大海。

1.联系上下文和生活经验，理解下列词语的意思。

水天相接_____

微波粼粼_____

波涛汹涌_____

2.皮鞋匠听着贝多芬的琴声，联想到了海上明月升起的三幅奇丽的画面。请你通过下面的方式表达出你丰富的想象。

（1）分别用三个小标题概括你想到的画面：

_____ _____ _____

（2）分别用三幅图画画出你想到的画面：

（3）分别用音符和节奏的变化画出你想到的画面：

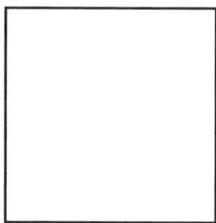

3.我能把课文第9自然段有感情地背诵下来。

（十）课文要点回顾。

课文讲述了_____国著名音乐家_____因同情穷鞋匠兄妹而为他们弹琴，有感于盲姑娘对音乐的痴迷而即兴创作出《_____》的传奇故事。作者借这个美丽动人的传说故事，既表现了音乐家_____，又表现了他_____，同时告诉人们，美好乐曲的产生不仅要依靠_____，而且要依靠_____。

《月光曲》课后实践作业

（十一）网上找到《让我们荡起双桨》这首歌，闭上眼睛静心聆听，回想音乐旋律，感受脑海中想象到的画面，从以下两项作业中任选一项完成。

1. 把想到的情景写下来。

2. 把想到的情景画下来。

<!-- image/banner: 参考答案 -->

一、（略）

二、1.简介贝多芬，点明传说。

2.贝多芬为穷兄妹俩演奏。

3. 贝多芬即兴创作《月光曲》的情景。

4.贝多芬飞奔回客店，记录曲子。

三、时间：两百多年前一个秋天的夜晚

地点：莱茵河边的一个小镇上

人物：贝多芬　穷鞋匠兄妹俩

事件：贝多芬同情穷鞋匠兄妹俩，为他们弹奏，即兴创作《月光曲》的传说故事。

四、音符、节奏符号的识记

五、（答案不唯一）

资料介绍：贝多芬，德国作曲家。在音乐表现上，他极大地提高了钢琴的表现力，创作了九部交响曲。贝多芬集古典音乐之大成，开浪漫主义先河，为人类留下了永恒的音乐遗产，被尊称为"乐圣"。

名言：我的音乐只应当为穷苦人造福。如果我做到这点该是多么幸福。

——贝多芬

六、（略）

七、茅屋　钢琴　琴键　盲　纯熟　陶醉

八、1.（1）兄妹俩的对话：

一个姑娘说："这首曲子多难弹啊！我只听别人弹过几遍，总是记不住该怎样弹。要是能听一听贝多芬自己是怎样弹的，那有多好啊！"一个男的说："是啊，可是音乐会的入场券太贵了，咱们又太穷。"姑娘说："哥哥，你别难过，我不过随便说说罢了。"

（2）皮鞋匠和贝多芬的对话：

皮鞋匠看见进来个陌生人，站起来问："先生，您找谁？走错门了吧？"

贝多芬说:"不,我是来弹一首曲子给这位姑娘听的。"

(3)盲姑娘和贝多芬的对话:

盲姑娘听得入了神,一曲弹完,她激动地说:"弹得多纯熟啊!感情多深哪!您,您就是贝多芬先生吧?"

贝多芬没有回答,他问盲姑娘:"您爱听吗?我再给您弹一首吧。"

2.人物品质:盲姑娘——善良,爱音乐、懂音乐

贝多芬——同情穷苦人民

九、1.水天相接:水和天连在一起。

微波粼粼:形容水面波光闪动的样子。

波涛汹涌:浪涛很大,汹涌澎湃。

2.(1)月亮升起　微波粼粼

月亮升高　穿过微云

风卷巨浪　波涛汹涌

(2)能画出月亮一次比一次升高的样子。

(3)能用音符和节奏的变化表示曲调的旋律变化:悠扬舒缓——气势增强——激越高昂

3.(略)

十、德　贝多芬　月光曲　热爱音乐　同情穷苦人民　真挚的感情　丰富的想象

十一、小伙伴泛舟湖上,快乐嬉戏的情景……

作业设计说明

【整体设计说明】

《月光曲》是小学语文统编本六年级上册第七单元的第二篇课文。本单元的主题是"艺术之美",语文要素是借助语言文字展开想象,体会艺术之美,习作要素是"写自己的拿手好戏,把重点部分写具体"。

　　《月光曲》作业设计以核心素养为导向，以现行《语文课程标准》和语文教材为依据，以本单元的教学要点和本课的教学目标为基础进行设计，既有基础知识的练习与巩固，又有综合性、实践性题目的设计，既落实单元语文要素和习作要求，又提升学生审美和品鉴能力。课前预习作业侧重对生字新词的认读、对课文的整体感知以及搜集与课文相关的资料，初步把握课文内容。随堂练习作业是对课堂所学知识的巩固，既有基础知识的练习，也有思维能力的发展与提升，还有引导学生从不同角度展开想象，感受艺术的魅力。课后实践作业侧重于学生语言文字的表达和想象能力的提升。

核心素养导向的作业设计多维细目表（前：作业编制蓝图。后：作业质量分析）

		课前预习	随堂练习	课后实践
考查的核心素养				
具体素养（视情况而定）	语言建构与运用	√	√	
	思维发展与提升	√	√	
	审美鉴赏与创造	√	√	√
	文化传承与理解	√	√	√
涉及的课程内容				
具体内容（视情况而定）	1.有较强的识字能力。硬笔书写楷书，整齐美观，有一定速度。能联系上下文和自己的积累，推想课文中有关词句的意思。	√	√	
	2.能用普通话正确、流利、有感情地朗读课文。	√		
	3.在阅读中了解文章的表达顺序，体会作者的思想感情，对阅读的材料有综合理解的能力。	√	√	
	4能把握阅读材料的大意，从阅读材料中捕捉有用的信息。	√	√	√
	5.通过对形象、情感、语言的领悟程度，以及自己的体验，初步鉴赏文学作品。	√	√	√
	6.能写简单的想象作文。			√

		课前预习	随堂练习	课后实践
涉及的情境				
具体情境（视情况而定）	1. 学科认知：小学语文学习中的文本解读。	√	√	
	2. 社会生活：贝多芬的相关资料介绍及谱写《月光曲》的传说。	√	√	
	3. 个人体验：生活中对音乐艺术的审美和品鉴能力。	√	√	√
题目类型		识记、理解	理解、运用	运用、创造
与课标一致性（低于/一致/高于）		一致	一致	一致
难度预估（低/中/高）		中	中	高
预计答题时间（分钟）		17	9	10
答案开放性程度（开放/封闭）		开放/封闭	开放/封闭	开放/封闭
跨学科性（是/否）		是	是	是
对教学的启示				【工具性】1 引导学生借助语言文字从不同角度展开想象，进入课文情境，感受艺术魅力。【人文性】2. 注重审美鉴赏，传承中华优秀传统文化，有正确的价值观。

【具体题目解析】

（课前预习作业）

（一）自学生字、新词，理解词语意思。

核心素养：语言建构与运用

课标依据：有较强的识字能力。硬笔书写楷书，整齐美观，有一定速度。能联系上下文和自己的积累，推想课文中有关词句的意思。

题目解析：正确、熟练、有效地识记本课生字、新词，能借助工具书或者联系上下文等方式，理解个别难理解的词语，落实本课教学目标之一"会写'谱'等8个字，会写'谱写'等12个词语"。

（二）根据提示写出课文各部分主要内容。

核心素养：语言建构与运用

课标依据：在阅读中了解文章的表达顺序，体会作者的思想感情，重点评价学生对阅读材料的综合理解能力。

题目解析：根据提示，通过梳理和整合，概括四个部分的主要内容，初步掌握语言文字特点及其运用规律，形成个体语言，并能进行交流沟通，落实本课的常规性目标"整体感知文本大意"。

（三）梳理课文大意。

核心素养：思维发展与提升

课标要求：略读的评价，重在考察学生能否把握阅读材料的大意。浏览的评价，重在考察学生能否从阅读材料中捕捉有用的信息。

题目解析：通过直接提取信息或者概括，通过串联时间、地点、人物、事件四要素的串联法，把握文章大意，落实本课的常规性目标"整体感知文本大意"。

（四）搜索并欣赏《月光曲》，用音符标识体现节奏变化。

核心素养：审美鉴赏与创造

课标依据：文学作品阅读的评价，着重考察学生感受形象、体验情感、品味语言的水平，对学生独特的感受和体验应加以鼓励。第三、第四学段，可通过考察学生对形象、情感、语言的领悟程度，以及自己的体验，来评价学生初步鉴赏文学作品的水平。

题目解析：借助音乐资源，聆听《月光曲》，帮助学生从多角度展开想象，丰富审美体验，将语文学科与音乐学科整合，提升学生文学、艺术素养，落实本课教学目标之一"了解贝多芬创作《月光曲》的经过，体会他在创作过程中的情感变化。"

（五）搜集贝多芬资料，写名言。

核心素养：文化传承与理解

课标依据：体现时代特点和现代意识，关注现实，关注人类，理解和尊重多样文化，有助于学生树立正确的世界观、人生观、价值观。

题目解析：了解艺术家贝多芬生活的时代背景及艺术成就，感知其非凡的音乐才华和伟大的人格魅力，落实本课教学目标之一"感受贝多芬对兄妹俩的同情和关爱。"

（六）朗读段落，想象情景，感受魅力。

核心素养：审美鉴赏与创造

课标要求：在语文学习的过程中，培养健康的审美情趣，发展个性。

题目解析：朗读第9自然段，通过语言文字展开想象，切身体会音乐的旋律，感受艺术的魅力。提前落实本课教学目标之一"有感情地朗读课文。背诵第9自然段。"

（七）根据语境写词语。

核心素养：语言建构与运用

课标要求：识字的评价，要考察学生认清字形、读准字音、掌握汉字基本意义的情况，以及在具体语言环境中运用汉字的能力。写字的评价，要考察学生对于要求"会写"的字的掌握情况，重视书写的正确、端正、整洁。

题目解析：创设具体的情境，让学生能正确运用汉字，提高运用语言文字的水平，落实本课教学目标之一"会写'谱'等8个字，会写'谱写'等12个词语"。

（八）找对话，感受人物品质。

核心素养：思维发展与提升

课标要求：文学作品阅读的评价，着重考察学生感受形象、体验情感、品味语言的水平，对学生独特的感受和体验应加以鼓励。

题目解析：学生通过关注文中的三次对话，感受人物的心灵美，落实本课教学目标之一"感受贝多芬对兄妹俩的同情和关爱。"

（九）课内阅读自我检测。

1. 理解词语意思。

核心素养：语言建构与运用

课标依据：能联系上下文和自己的积累，推想课文中有关词句的意思，体会其表达效果。

题目解析：学生通过联系上下文和生活经验的方法，理解词语的意思。

2. 分别通过语言文字、绘画、音乐等角度表达自己的想象。

核心素养：语言建构与运用　审美鉴赏与创造　文化传承与理解

课标依据：1.扩大知识面，根据需要搜集信息。2.拓宽语文学习和运用的领域，注重跨学科的学习和现代科技手段的运用，使学生在不同内容和方法的相互交叉、渗透和整合中开阔视野，提高学习效率，养成现代社会所需要的语文素养。

题目解析：让学生通过语言文字、绘画、音乐等不同的角度展开想象，感受艺术的魅力，落实本课教学目标之一"想象课文描绘的画面，感受乐曲的美妙。"

3. 有感情地背诵第9自然段。

核心素养：语言建构与运用

课标依据：语文课程是学生学习运用祖国语言文字的课程，应该让学生多读多写，日积月累，把握、体会运用语文的规律。

题目解析：通过品读、理解、感悟，能够有感情地背诵第9自然段，丰富语言积累，落实本课教学目标之一"背诵第9自然段。"

（十）课文要点回顾。

核心素养：思维发展与提升

课标依据：精读的评价，重点评价学生对阅读材料的综合理解能力，要重视评价学生的情感体验和创造性的理解。

题目解析：通过对课文要点的回顾，学生能够通过直接提取信息、概括等方法，考察学生对形象、情感、语言的领悟程度，评价学生初步鉴赏文学作品的水平，落实本课的常规性教学目标"把握文章主要内容，体会文章思想感情。"

（十一）听歌曲，想想画面，写情景、画情景。

核心素养：审美鉴赏与创造　文化传承与理解

课标依据：关心当代文化生活，尊重多样文化，吸收人类优秀文化的营养，提高文化品位。

题目解析：由歌词或旋律发出某些联想，把自己的想象或联想写下来或者画下来，落实本单元习作要素之一"把重点部分写具体"。

（2022 年 3 月山东省小学语文优秀作业设计三等奖）

后 记

　　1995年，我从山东省昌乐特殊教育师范学校毕业，此后便开始了小学语文教学生涯。在教学上，有学校领导、同事们的支持和帮助，有县市教研部门教研专家的悉心引导下，我从"不懂不会"到"熟悉熟练"，实现了个人业务水平的提升。在这个过程中，我收获了自信与成长，收获了教书育人的幸福与喜悦！

　　2012年，我担任学校语文学科教研室主任。2019年，我担任学校教学与科研中心主任。职务变了，但是一直没有变的是我的主要工作--小学语文教学。如何全面贯彻党的教育方针创办优质教育，如何将个人的成长与团队建设、学校发展融合，成为我新的工作目标和任务。我边学习边成长，在教学教研之路上与同事们一起，相互扶持，攻坚克难。课改旅途中，留下了我们串串坚实的脚印……

　　2015年9月，陈启德校长来到了学校担任校长，带领我们踏上了课改之路。随后，我结合课程标准的课程目标与内容，分版块从"具体要求""教学建议""评价建议"几个方面进行了整理，梳理出了当时任教的人教版小学语文1-12册各册的学习目标体系一览表。2015年12月，我到北京乐城国际幼儿园参加了教育国际化论坛--课程逆向设计，这是我对"逆向设计"的首次认知：从终点开始设计！2016年3月，昌乐特师附属小学课程与教学一体化召开会议，我们正式拉开了课程改革的帷幕，我也从此走上了个人的专业化的课改之路……

　　岁序更替，华章日新。2024年已是我从事小学教育工作的第29个年头。工作之余，我喜欢动笔将教学点滴、教育感悟记录下来。如今，翻看自己撰写的教育手记，回忆过往的工作足迹，教育教学的收获得失清晰可见，让我萌生了汇编成集的念头。我希望借此总结过往的教育教学经验，为未来工作学习提供借鉴，也希望将我的收获与体会分享给青年教师。

因水平有限，本书有诸多不足。敬请专家批评指正。

借此，我向关心和帮助我成长的各位前辈、领导、同事表示真诚的谢意：

感谢教育部基础教育课程教材发展中心教学处处长莫景祺博士对我们工作的肯定与指导；

感谢山东省教育科学研究院张斌副院长，让我了解了如何在课程标准下进行备课；

感谢山东省淄博市临淄晏婴小学孙镜峰校长，让我明确了如何对国家课程标准进行校本化解析；

感谢曲阜师范大学张雨强教授，让我懂得了如何基于课程标准续写教学目标；

感谢潍坊市教育科学研究院孙俊勇科长，指导我们如何进行"教—学—评"一体化的大单元备课设计；

感谢潍坊市教育科学研究院王志全主任，指导我们如何开展语文单元整体教学设计与课题研究工作；

感谢昌乐县教学研究中心韩传工主任，多次对我们工作的指导；

感谢工作团队的成员，无数次对我工作的帮助与支持……

2024 年 3 月

彩色版

基于 DoDAF 方法的
智能化体系架构设计技术

肖 刚 胡健伟 李元平 樊志强
凌冬怡 林 燕 毛昭军 ◎ 著

THE DODAF-BASED DESIGN

TECHNOLOGY OF INTELLIGENT

SYSTEM ARCHITECTURE

北京理工大学出版社
BEIJING INSTITUTE OF TECHNOLOGY PRESS

图书在版编目（CIP）数据

基于 DoDAF 方法的智能化体系架构设计技术 / 肖刚等
著． -- 北京 ：北京理工大学出版社，2024. 9.
ISBN 978 - 7 - 5763 - 4493 - 6

Ⅰ．N945

中国国家版本馆 CIP 数据核字第 2024G7J743 号

责任编辑：孟雯雯　　　**文案编辑：**李丁一
责任校对：周瑞红　　　**责任印制：**李志强

出版发行 / 北京理工大学出版社有限责任公司
社　　址 / 北京市丰台区四合庄路 6 号
邮　　编 / 100070
电　　话 / (010) 68944439（学术售后服务热线）
网　　址 / http://www.bitpress.com.cn

版印次 / 2024 年 9 月第 1 版第 1 次印刷
印　　刷 / 廊坊市印艺阁数字科技有限公司
开　　本 / 710 mm×1000 mm　1/16
印　　张 / 13.25
字　　数 / 238 千字
定　　价 / 98.00 元